AF326173

NE FUYONS PAS

LES CAMPAGNES

CLICHY. — Impr. de Maurice Loignon et Cie, rue du Bac-d'Asnières, 12

NE FUYONS PAS

LES

CAMPAGNES

PAR

M. l'Abbé TOURNISSOUX

AUTEUR DES RETRAITES DU CLERGÉ ET DE PLUSIEURS
AUTRES OUVRAGES

O fortunatos nimiùm sua si bona nôrint agricolas !
Qu'ils soraient heureux les habitants de la campagne
s'ils savaient apprécier leur bonheur !

Ouvrage honoré de la souscription de leurs Excellences, M. le Ministre
de l'Instruction Publique et de M. le Ministre de l'Agriculture.

NOUVELLE ÉDITION

PARIS

GUILLAUMIN LIBRAIRE, | JACQUES LECOFFRE
RUE RICHELIEU, 14. | RUE DU VIEUX COLOMBIER 29

1863

AVANT-PROPOS

Ce qui empêche que notre siècle soit un siècle de progrès en tout genre, c'est qu'il est travaillé plus que jamais par des tendances déplorables, celles de mépriser la charrue pour le comptoir, d'abandonner les campagnes pour les villes, la province pour la capitale. Le mal est plus grand qu'on ne le pense communément, vu qu'il s'en prend à toutes les forces vitales de l'humanité : à la religion, à la morale, à la sécurité de l'ordre social, à l'esprit de famille, à l'agriculture, et même au véritable bonheur de la plupart de ceux qui courent des campagnes dans les villes.

Aux grands maux doivent répondre les grands remèdes; il ne suffirait donc pas de s'en tenir aux demi-mesures. De qui devons-nous attendre ces remèdes? Sans doute, nous avons besoin du concours des gouvernements qui, malheureusement, n'ont que trop favorisé jusqu'ici l'abandon des campagnes par des excès de centralisation que S. M. l'Empereur est le premier à déplorer; mais nous devons comprendre que les simples particuliers, et principalement les autorités locales, ne sont pas sous ce rapport exempts de reproches ni d'obligations. C'est aux principaux de chaque commune rurale à condamner par leurs avertissements et leur bon exemple la désertion des villages; c'est aux autorités locales à doter les campagnes de toutes les institutions et améliorations qui peuvent y augmenter le bien-être et y multiplier le travail et la richesse.

Si notre ouvrage pouvait ontribuer en quelque sorte à un résultat si précieux, ce serait la plus douce des consolations pour notre cœur de prêtre catholique et de citoyen français. Ce travail se compose de deux parties, dont l'une a pour objet la connaissance du mal, et l'autre celle du remède.

Nous tenons à remercier ici le public de l'accueil qu'il a bien voulu faire à notre première édition, édition qui s'est écoulée en moins de deux mois. Nous remercions spécialement S. Exc M. le Ministre de l'Instruction publique d'avoir bien voulu nous honorer d'une souscription dans le but de propager notre livre dans les bibliothèques scolaires et communales. Pour des motifs analogues, nous avons les mêmes sentiments de gratitude à exprimer envers M. le Ministre de l'Agriculture, plusieurs conseils généraux, et un assez grand nombre d'éminents prélats, tels que Nos Seigneurs les évêques d'Angers et de Rodez (1). Nous venons d'apprendre que la *Société d'Agriculture, des Sciences et Lettres de la Dordogne* a bien voulu nous décerner une médaille d'argent pour la publication de ce travail.

(1) Plusieurs évêques nous ont demandé un grand nombre d'exemplaires pour les bibliothèques paroissiales.

LES CAMPAGNES

—

CHAPITRE Ier

La Religion.

Pour celui même qui n'a pas la foi, et qui se fait une gloire de tout apprécier au point de vue de l'unique bien-être de la vie présente, il est important, quand il juge de la légitimité d'une tendance, d'examiner si cette tendance favorise, ou non, l'influence de la religion sur les âmes. Le premier but de la religion est d'élever les âmes à un ordre surnaturel, et de leur ouvrir les portes de la vie éternelle; mais, comme l'ont remarqué les plus profonds philosophes et les plus habiles législateurs, elle a aussi pour effet de donner la plus grande somme du bien être présent à ceux qui se soumettent à ses croyances et se montrent dociles à ses lois. L'homme que la religion rend vertueux peut n'être pas riche, mais sa résignation fait qu'il se trouve bien plus content de son sort que l'égoïste qui a cent mille francs et en voudrait deux cent mille. L'homme religieux est laborieux, tempérant, chaste, humble, charitable, etc. Avec toutes ces vertus, il est impossible de maudire son sort et d'être rongé par le désespoir. Il n'en est pas de même de celui qui, ne croyant pas à l'existence des châtiments et récompenses de la vie future, se livre sans frein à toutes les passions du sensualisme. Cet homme finit par trouver des obstacles, ne serait-ce que dans sa bourse et sa santé.

Puisqu'il s'agit ici de comparer l'habitation des villes avec celle des campagnes sous le rapport de l'efficacité des sentiments religieux, affirmons, sans crainte d'un démenti, que l'habitant des campagnes perd considérablement sous ce rapport quand il va se fixer dans une ville. Cette conviction est tellement gravée dans les consciences, qu'il n'est pas de père ni de mère de famille qui ne tremblent pour la vertu et la religion de leur enfant quand ils sont obligés de l'envoyer à Paris, ne serait-ce que pour un séjour purement temporaire. Il suffit, pour comprendre la légitimité de ces craintes, de comparer les habitudes journalières de nos bons villageois à l'esprit d'indifférence religieuse caractérisant la plupart des habitants des villes.

Assurément on serait injuste envers les villes, si on n'y voyait partout qu'indifférence et mépris pour la religion. Avouons qu'elles renferment des âmes grandes et nobles, chez lesquelles le sentiment religieux vit dans toute sa force et sa pureté. Dans les grandes villes, à Paris par exemple, les chrétiens qui fréquentent les églises et s'approchent des sacrements sont peut-être plus éclairés, plus fermes, plus dévoués qu'on ne l'est généralement dans les provinces et surtout dans les campagnes; mais il faut avouer aussi que ces âmes d'élite sont bien clair-semées, en comparaison de celles qui se conduisent comme s'il n'avait jamais été question de Dieu, de religion, de vie future, de paradis ni d'enfer!

Pendant bien longtemps, les villes ont été plus irreligieuses que les campagnes, par la seule raison que la philosophie de l'incrédulité y faisait un grand nombre de victimes par la lecture de ses livres impies. Ce mal existe encore aujourd'hui, mais il n'exerce plus l'empire qu'il exerçait autrefois. De nos jours, on s'occupe passablement de religion ; mais on ne s'en occupe plus de la même manière qu'au xviiie siècle. Alors l'étude de la théologie était à la mode chez tous les gens qui voulaient passer pour instruits; il fallait étudier la religion dans sa morale et surtout dans ses dogmes, pour la combattre ou la défendre. Aujourd'hui, il n'en est plus de même. Si l'on parle souvent de religion, ce n'est jamais dans son essence qu'on la considère, mais uniquement dans son influence sur les mœurs et dans ses rapports avec la société. On ne se douterait jamais de l'ignorance de certains hommes sur ce qu'il y a de plus fondamental dans la religion. On rapporte qu'une dame, se trouvant en voiture avec un digne ecclésiastique, affecta de se dire incrédule. Le bon prêtre se contenta de lui demander si elle avait lu Bossuet. Sur sa réponse négative, l'abbé ajouta : « Madame a sans doute lu Pascal « ou Fénelon ou Frayssinous ou tout autre livre expo- « sant la doctrine catholique ? — Non, reprit la dame, « je n'ai rien lu de tout cela. — Eh bien, répliqua « l'ecclésiastique, Madame a tort de se croire *incré-* « *dule,* elle est simplement *ignorante.* » De nos jours, la plupart des hommes ressemblent à cette dame ; il y a beaucoup moins d'incrédules qu'au XVIIIe siècle, mais il y a plus d'ignorants, et par cela même plus d'indifférents.

Ce qui fait que dans les villes, où tout le monde sait lire, l'ignorance et l'indifférence en religion sont si communes, c'est que le besoin d'argent et l'amour des plaisirs tiennent la première place dans les esprits et dans les cœurs. Les préoccupations qu'engendre la vie des villes par la multiplicité de ses exigences et la variété de ses plaisirs sont si vives et si nombreuses, qu'elles ne laissent point de place à autre chose, pas même à ce qu'il y a de plus important pour les enfants de Dieu, les héritiers de Jésus-Christ.

Généralement, la religion tient encore dans nos campagnes le rang qui lui revient. Le dimanche y est toujours regardé comme le premier jour de la semaine ; l'office religieux n'a pas cessé d'y être reconnu comme un bonheur et un devoir ; et le père et la mère de famille n'oseraient guère terminer une journée sans faire la prière en commun. Chez nous, la première qualité d'un homme, c'est d'être sincèrement religieux. Il est assez facile de comprendre pourquoi il y a plus de religion dans les campagnes que dans les villes. L'agriculteur passe la plus grande partie de sa vie dans les champs. Peut-il terminer sa journée de travail sans lever la tête, et peut-il lever la tête sans contempler le ciel, avec ses astres bienfaisants ? Lorsqu'il voit le soleil qui l'éclaire et réchauffe la terre sillonnée par ses soins, naturellement sa pensée se porte vers Celui qui a créé ce soleil, et le dirige tous les jours dans les pas de sa course. Cette pensée ne peut être qu'un sentiment d'admiration et de remercîment, c'est-à-dire une pensée religieuse. Lorsqu'il va se reposer à l'ombre de l'arbre qu'il a fait naître, il se dit en lui-même : « C'est bien moi qui ai « semé un gland dans la terre, mais ce n'est pas moi « qui ai fait de ce gland un chêne si majestueux. » Naturellement encore, sa pensée se porte vers l'Agriculteur suprême pour le bénir et le remercier.

Le villageois, comme on le sait, passe la plus

grande partie de son temps à semer et à récolter.
Lorsqu'il sème, il implore la protection de Dieu pour
la semence qu'il confie à la terre, et dont la garde ne
lui appartient pas; tout le temps qui s'écoule de la
semence à la récolte est pour lui un temps d'incer-
titude et d'anxiétés. Récoltera-t-il en abondance, ou
la récolte lui sera-t-elle ravie? Cela dépend de l'intempérie des saisons; et Dieu seul, il le sait, peut
donner la chaleur et le froid, la pluie et le beau temps.
Nous pourrions suivre une à une toutes ses occupations de l'année, pour y reconnaître comme intimement liée une pensée religieuse. La vie agricole est
donc par elle-même une théologie vivante qui nous
montre à chaque page Dieu s'intéressant et agissant
pour le bien de l'humanité.

Le bruit et les préoccupations des villes font que
les événements les plus frappants et les plus ins-
tructifs en eux-mêmes ne disent rien au cœur et ne
trouvent partout qu'insensibilité. Un locataire voit
très-bien enlever les dépouilles mortelles du locataire
voisin sans faire aucun retour sur lui-même, et sans
porter sa pensée vers Celui qui lui a donné la vie et
peut la lui retirer à chaque instant. Il voit passer un
corbillard avec la même insensibilité qu'il voit passer
un fiacre. Tout en saluant respectueusement le con-
voi, il trouve très-naturel qu'il y ait tant d'enter-
rements par jour, sans réfléchir que ce terrible pas-

sage du temps à l'éternité peut arriver demain pour lui. On dirait, en étudiant la vie des villes, que les citadins affectent de ne penser qu'au présent pour mettre de côté l'avenir. La pensée de la mort leur paraît une pensée inutile, dont il faut se débarrasser comme d'une mauvaise tentation.

Nous connaissant tous intimement dans les campagnes, la mort ne vient jamais frapper l'un de nos voisins sans exciter dans nos cœurs une pensée religieuse. Nous nous informons, avec le plus grand soin, des derniers sentiments du mourant. « Il aurait voulu, « nous dit-on, n'avoir jamais fait que le bien, et « n'avoir jamais été ingrat envers son Créateur. » « Eh bien ! nous disons-nous en nous-même, ce moment terrible arrivera un jour pour nous ; il est peut-être plus proche que nous ne pensons ; faisons donc ce qu'aurait voulu avoir fait notre voisin mourant. Servons Dieu, soyons fidèles à sa loi ; c'est le seul moyen de ne pas redouter le jugement quand nous paraîtrons à son tribunal. »

Ce sont là des réflexions que tout père et toute mère de famille font à leurs enfants, toutes les fois que la cloche du village annonce la mort d'un paroissien. Ces réflexions nous reviennent encore à l'esprit, quand nous prions sur le cimetière, placé non loin de l'église. Tout cela fait que la pensée religieuse, mise si souvent de côté dans nos grandes villes, est, par le fait, la pensée dominante des familles de nos campagnes. Ici les intelligences et les cœurs ne dévient guère des règles de la vraie doctrine : nous tenons à mettre le Créateur au-dessus des créatures dans nos préoccupations et nos sentiments de chaque jour (1).

L'homme qui se livre aux occupations industrielles, dans les villes, n'est point appelé, comme l'agriculteur, à reconnaître partout la coopération de Dieu s'associant à son travail; ne voyant presque jamais, au contraire, que des œuvres venant de la main des hommes, il finit presque par se persuader que la créature peut se suffire à elle seule. De là cet oubli de Dieu qui fait qu'on ne pense pas à le servir. Cette illusion, je dirai plutôt cette ignorance, est d'autant plus commune de nos jours, que l'industrie semble opérer des merveilles. Celui qui n'a jamais travaillé qu'à la fabrication des machines et des outils peut quelquefois, dans sa folie, s'imaginer que l'inventeur du télégraphe et des chemins de fer aurait pu se créer

______

(1) Dans quelques départements, et principalement parmi ceux qui avoisinent la capitale, le cultivateur est loin d'y être aussi religieux qu'il le serait, s'il réfléchissait avec connaissance de cause sur la nature de ses occupations. La soif des biens matériels y a presque étouffé la noblesse des inspirations religieuses.

Nous considérons ici l'élément religieux principalement sous le rapport de son influence sur le bonheur présent de l'homme.

lui-même. Ce qui contribue à l'entretenir dans l'illusion, c'est qu'il entend répéter souvent que de grands philosophes ne croient pas à d'autre Dieu qu'à l'homme.

Ainsi cet ancien villageois, autrefois si bon chrétien, finit par se persuader que ses croyances religieuses ne sont qu'un préjugé dont il faut se dépouiller quand on est devenu, comme lui, ouvrier de ville. Ce qui achève de l'égarer et de le perdre, c'est qu'il ne connaît plus le repos et la sanctification du dimanche. Quand il abandonne son travail le dimanche au soir, c'est pour aller au cabaret dépenser dans l'orgie tout ce qu'il a gagné pendant la semaine. Pour lui, il n'y a pas d'autre église que le cabaret, d'autres sacrements que le vin et les alcools, d'autre enseignement que celui des journaux de cabaret, c'est-à-dire des journaux les plus impies, qui se font une gloire de rapporter ou d'inventer tout ce qu'il y a de plus humiliant et de plus défavorable à la religion et à ses ministres. Quiconque a étudié de près la vie des ouvriers des villes sait que nous n'exagérons rien. Qu'elle est donc triste la position de ces hommes par rapport à la religion !

Que dire des enfants de ces malheureuses familles ! Il en est qui n'ont jamais eu le bonheur d'apprendre de la bouche de leurs parents la nécessité de faire la prière, de suivre les catéchismes, d'entendre la messe, etc. Que peuvent être des enfants qui n'ont jamais entendu parler des prêtres que sous des paroles d'outrage et de malédiction ? C'est à peine si ces enfants savent distinguer un prêtre d'un laïque, comme ils savent distinguer un Chinois d'un Français, c'est-à-dire uniquement par la forme et la couleur du vêtement. On est vraiment touché de compassion quand on étudie de près les habitudes de nos ouvriers des villes, surtout de ceux qui peuplent les banlieues de la capitale. Toutes les fois que j'ai visité ces tristes quartiers, j'ai compris que ma présence de prêtre n'engendrait que l'étonnement et l'ironie. « Pourquoi donc, me disais-je en moi-même, le prêtre est-il vu d'un mauvais œil dans ces quartiers? » C'est que les hommes qui les habitent ne connaissent pas mieux la religion que les Chinois auxquels les missionnaires vont la prêcher. Si ces mêmes hommes habitaient les campagnes, ils n'auraient jamais ignoré la nécessité de se perfectionner par le sentiment religieux et la pratique des vertus morales ; ils sauraient que le prêtre catholique est leur plus sincère ami et leur plus ardent protecteur.

Dans les banlieues de Paris, l'école la plus fréquentée est celle du marchand de vin. Or, cette école ne s'accorde guère avec celle du prêtre. La première n'a que trop souvent pour effet d'abrutir et de démoraliser les populations, tandis que la seconde est faite pour élever les âmes et perfectionner les cœurs. Je ne pourrai jamais m'empêcher de plaindre le sort du villageois qui abandonne son pays pour se réfugier dans un de ces quartiers déshérités de la capitale. Bien persuadé que la religion est le plus précieux de tous les biens, je me dis en moi-même : « Qu'il est malheureux, cet homme, de s'exposer ainsi à vivre et à mourir comme une brute ! »

L'ouvrier n'est pas le seul qui soit exposé, par ses vices, sa position et ses besoins, à vivre en dehors de toute pratique religieuse. A part le petit nombre d'hommes assez riches pour vivre de leurs revenus, tous ceux qui vont dans les villes n'y vont qu'avec le projet de s'enrichir en peu de temps. Quand on est intelligent, actif et prudent, on peut quelquefois obtenir ce but ; mais on ne l'obtient jamais sans s'imposer de nombreuses préoccupations. Consultez les agents de la finance et du commerce de Paris, ils vous répondront tous qu'il ne leur reste pas un seul moment pour se recueillir ; à peine ont-ils le temps de prendre leurs repas et quelques heures de sommeil. Leur santé exigerait souvent des promenades en plein air ; ils aiment mieux affaiblir leur tempérament que de s'exposer à compromettre leurs intérêts. Évidemment, ces hommes sont trop absorbés par les intérêts de leur position pour se préoccuper de leurs devoirs religieux. Sur cent banquiers ou négociants de la capitale, vous en trouverez quatre-vingt-dix qui ne sont jamais entrés dans une église, autrement que pour remplir un devoir de bienséance à l'égard d'un parent ou d'un ami qui se marie ou qu'on fait enterrer (1).

(1) Voici un fait qui prouve combien sont déplorables l'ignorance et l'indifférence de la plupart de ceux qui vont dans les villes pour faire fortune.

Un riche négociant de la capitale, uniquement préoccupé des biens temporels, n'avait jamais pensé à demander à la religion des devoirs et des consolations. Son père, sa mère et même sa femme étant venus à mourir, ces pertes lui furent sensibles, mais les regrets eurent pourtant une fin ; son affection ne fit que changer de place, en se concentrant sur une fille unique qu'il aimait plus que lui-même. Dieu voulut prouver à cet homme une chose dont il ne s'était jamais douté, ou du moins sur laquelle il n'avait jamais réfléchi sérieusement, à savoir : que la religion seule peut nous donner le vrai bonheur, et que l'on a tort de ne le demander qu'au monde. Sa fille, le seul objet qui l'occupât depuis que sa fortune était faite, lui fut ravie au plus bel âge de la vie. Ce malheureux père ne sait plus alors que devenir ; tout lui est à charge, même ce qui lui plaisait le plus avant ce jour. Souvent il traversait les rues de la capitale sans savoir où il allait et ce qu'il voulait faire ; ce qui l'étonnait le plus, c'était de voir qu'il y avait encore des hommes qui paraissaient heureux et semblaient tenir aux amusements. Un jour, voyant un certain nombre de personnes entrer dans une église, il y entre lui-même machinalement sans se demander pourquoi. Il entre au moment où le premier vicaire de la paroisse prêchait sur l'immortalité de l'âme et les beautés du ciel dont Jésus-Christ nous a ouvert les portes par sa mort et sa résurrection. Cet enseignement, frappant ses oreilles pour la première fois d'une manière sérieuse, l'étonna d'abord beaucoup

Le nombre des personnes qui fréquentent les églises n'empêche pas que les boulevards, les cafés, les théâtres, les salles de bal, etc., ne soient remplis de monde pendant les mêmes heures. La capitale voit, chaque année, accroître sa population dans un degré tel qu'elle sent le besoin d'élargir ses édifices publics de toute

plus qu'il ne le remplit d'admiration. Il se dit à lui-même : « j'ai « cru jusqu'ici qu'il ne restait plus de ma fille qu'un peu de « poussière destinée à être foulée aux pieds, mais si ce prêtre « disait vrai, ma fille n'aurait pas cessé d'exister, et je pourrais « encore la voir ou du moins l'aimer. »

Cette espérance ayant lui pour la première fois dans son cœur, il va, immédiatement après le sermon, trouver le prédicateur dans la sacristie, il lui dit après l'avoir salué : « Je vous conjure, monsieur l'abbé, je vous conjure, au nom « du Dieu que vous servez, de me dire si vous croyez à la doc- « trine que vous venez de prêcher sur l'immortalité de l'âme. — « Ah ! si j'y crois ! répondit le prêtre ; non-seulement j'y crois, « mais je donnerais jusqu'à la dernière goutte de mon sang « pour en attester la vérité. — S'il en était ainsi, reprit le mal- « heureux père, je pourrais encore aimer ma fille et la revoir « un jour ? — Mais oui, vous la verrez, si vous partagez les bons « sentiments qui l'animaient le jour de sa mort. — Croyez, « monsieur l'abbé, que je la reverrai, s'il ne tient qu'à moi de « la revoir ; puisque vous êtes le représentant de Dieu sur la « terre, tendez, mon père, tendez la main pour me bénir ! »

Voilà donc un homme hautement placé dans le monde ignorant les premiers éléments du catéchisme, les fondements de la science la plus essentielle à la créature intelligente ; comment voulez-vous qu'il n'en soit pas de même de bien des ouvriers qui ne connaissent ni prêtre ni église, et suspendent à peine leurs travaux pour célébrer le premier jour de l'an, ou la fête du bœuf gras ?

nature. La multiplication des églises vient plutôt de l'accroissement de la population que de celui de la piété, quoique les habitants de la province qui vont à Paris restent ordinairement fidèles à leurs habitudes religieuses pendant les premières années. Chaque jour, nous revoyons au pays des jeunes gens qui ont totalement changé depuis leur départ. Avant de partir, ils se seraient fait un crime de manquer la messe du dimanche par leur faute ; à leur retour, ils affectent de ne pas mettre le pied à l'église, et quelquefois même de ne pas saluer le pasteur de la paroisse.

CHAPITRE II

La Morale.

Il en est de la morale comme de la religion, l'émigration ne peut que lui être préjudiciable. Disons même que la religion étant la seule source de la morale, celle-ci ne peut vivre là où l'autre s'affaiblit. C'est pour cela que les populations sont morales toutes les fois qu'elles sont religieuses, et qu'elles ne tardent pas à dégénérer sous ce rapport quand le sentiment religieux vient à s'affaiblir en elles. Pourquoi la population des grandes villes est-elle, en général, moins morale que celle des campagnes? Cela vient uniquement de ce que la religion y exerce bien moins d'influence. Il en est de même pour certains départements, chez lesquels le sentiment religieux n'est pas aussi profond et aussi vivace qu'ailleurs.

Cet état de choses peut facilement s'expliquer. Nous naissons tous avec de bons et de mauvais instincts; mais notre nature, abandonnée à elle-même, laisse facilement aux mauvais instincts la faculté de prendre l'empire sur les bons. Sans doute, la vertu a ses charmes; mais ces charmes ne peuvent être appréciés que par celui qui a fait déjà de nombreux efforts sur lui-même pour triompher des attraits du vice. Donnez à tous les hommes les moyens de choisir entre l'orgueil et l'humilité, la cupidité et le dévouement, la volupté et la mortification, et vous verrez que le nombre des orgueilleux, des cupides et des libertins sera beaucoup plus considérable que celui des âmes humbles, charitables et chastes.

L'expérience de tous les siècles est donc là pour attester que l'homme, pour être vertueux, a besoin de recourir à une puissance étrangère aux inspirations de sa nature. Cette force ne pouvant venir que d'une éducation religieuse, il s'ensuit que là où les familles se préoccupent moins des devoirs religieux, là aussi elles doivent être moins morales. Si la population parisienne était aussi sincèrement religieuse que celle

de bien des communes rurales de France, il y faudrait
bien moins d'agents de police pour protéger contre
les malfaiteurs les personnes et les choses. Ce qu'il
y a de certain, c'est que malgré une surveillance si
compliquée et si bien exercée, il se commet encore
dans Paris plus de forfaits contre l'honneur, la pro-
bité et la moralité, qu'il ne s'en commet dans la
presque totalité des communes rurales. Ce que l'on
sait sur les fraudes, les vols, les impudicités, les
naissances illégitimes, les infanticides, les suicides, etc.,
est terrible à dire ; mais ce qui reste inconnu est encore plus alarmant. Les abominations que l'on peut
commettre impunément sont plus communes que les
autres ; et l'on sait que c'est principalement dans les
grandes villes que l'hypocrite et le libertin peuvent
échapper à la vigilance de leurs semblables. Paris est
peuplé de libertins et de débauchés qui ne comptent
que sur l'escroquerie pour satisfaire leurs appétits
exagérés ; la plupart d'entre eux finissent par se sui-
cider ou par mourir dans les prisons. Il est plus que
probable que ces jeunes gens seraient des citoyens
comme les autres, s'ils n'avaient point abandonné la
province, et n'avaient point cessé de vivre de la vie de
famille. Parmi les vagabonds qui peuplent les maisons
centrales de Melun, Poissy et Gaillon, la moitié au
moins est fournie par Paris, et se compose de jeunes
gens de dix-huit à vingt ans.

La vie des villes, telle qu'elle est, a pour effet de multiplier les besoins de ceux qui la mènent. Pourtant les besoins factices, comme on le sait, deviennent aussi rigoureux et aussi pressants que les besoins naturels ; c'est pour cela que les ressources venant à manquer, le désir de satisfaire les exigences auxquelles on s'est habitué finit par l'emporter sur la délicatesse de conscience ; on commence par tromper, et on finit par voler.

Comme il y a beaucoup de personnes qui pourraient croire que nous exagérons en affirmant que la vie des villes, et surtout de la capitale, tend à développer les mauvais instincts, nous allons leur parler par des chiffres que nous n'avons pas inventés et qu'ils peuvent consulter eux-mêmes. Nous les avons trouvés à la Bibliothèque impériale, dans le rapport que S. Exc. le garde des sceaux a fait en 1863 à S. M. l'Empereur, sur la justice criminelle de 1861.

Ainsi la population de la France est de 37,386,161 habitants ; celle du département de la Seine est de 1,953,660 habitants. La proportion des délits ne devrait donc être pour la Seine tout au plus que de 1 sur 19.

Or, en consultant la statistique de la justice criminelle, nous trouvons que, sur 81 meurtres, la Seine en compte 7, — sur 695 accusations d'attentat à la pudeur sur des enfants au-dessous de 15 ans, il y en a 52 pour ce département.

Sur 27 avortements, la Seine en compte 3.

Sur 81 accusations d'abus de confiance par des domestiques, 45 appartiennent à la Seine.

Sur 79 banqueroutes frauduleuses, la Seine en a vu 12.

Sur 4,454 suicides, il y en a 769 pour la Seine (1).

Ne vous imaginez pas que les résultats de la dernière statistique fassent exception à la règle ; car nous trouvons dans un rapport fait à l'Académie en 1833, sur les statistiques de 1825 à 1831, que, dans le seul département de la Seine, il s'était commis chaque année le sixième de la totalité des suicides qui avaient eu lieu dans toute la France.

Ce rapport fait une observation non moins frappante, c'est que le nombre des suicides s'accroît pour ainsi dire régulièrement à mesure que l'on avance vers la capitale. Ainsi, il s'en commet plus dans les départements presque limitrophes, de Seine-et-Oise, de l'Oise et de Seine-et-Marne, que dans les départements un peu plus éloignés, de la Seine-Inférieure, de l'Aube et du Loiret.

L'abondance des suicides dans une localité prouve que les habitants y sont généralement peu vertueux, et même faiblement heureux.

---

(1) Parmi ces 4,454 suicides, on n'en compte que 1,187 dans la classe des cultivateurs, qui est pourtant si nombreuse.

Le même rapport attestait pour Paris, sur dix naissances, quatre d'illégitimes.

Quel motif peut engager à être vertueux celui qui ne craint pas Dieu, et ne tient pas à lui rapporter ses actions? Je n'en vois aucun. Peut-il attendre une récompense des hommes? Mais la plupart des actes de l'homme vertueux sont secrets; souvent même ils ne servent qu'à lui attirer la jalousie, le mépris et la raillerie de ses frères. Peut-il craindre les châtiments? Oui, quand il s'agit de refuser l'impôt, de mettre le feu à des bâtiments, d'assassiner un concitoyen. Mais suffit-il de s'abstenir de ces crimes pour être sincèrement honnête et bon citoyen? Tout en échappant à la vigilance des sergents de ville et à la rigueur des tribunaux, ne peut-on pas être mauvais père, époux infidèle, se livrer à l'ivrognerie, s'enrichir aux dépens de la veuve et de l'orphelin, etc., etc.? Comme on l'a dit bien des fois, les plus grands voleurs ne sont pas sur les chemins; les plus coupables ne montent pas sur l'échafaud.

Une des principales raisons pour lesquelles l'immoralité fait, dans les villes, des ravages de plus en plus alarmants, c'est que les jeunes gens se dégoûtent plus que jamais des mariages légitimes. Les charges des familles y sont devenues tellement onéreuses, qu'elles semblent faire peur à tous ceux qui ne sont pas millionnaires. L'employé dont le traitement ne s'élève

qu'à trois mille francs ou au-dessous peut convenablement suffire à ses besoins personnels; mais en serait-
il de même s'il avait à sa charge une femme et des
enfants? Pour échapper à ces embarras, à ces préoccupations, je dirais presque à cet état de misère, la plupart des employés prennent donc la résolution de rester
célibataires. Ce système devient tellement à la mode,
que, sous peu, nous ne verrons faire de mariages que
chez les ouvriers et les grands riches, c'est-à-dire dans
les familles qui ne sont pas soumises aux exigences et
dans celles qui peuvent les supporter. Que résulte-t-il
de cet état de choses ? Comme il n'est guère possible,
surtout dans un siècle de sensualisme, de vivre dans
le monde sans compromettre son innocence, il en résulte que la morale est presque toujours gravement
offensée par les personnes qui ne préfèrent ainsi le
célibat que par spéculation. On veut jouir de tous les
plaisirs sans en avoir les charges et les embarras; auss
l'esprit de corruption se propage-t-il de jour en jour, de
manière à alarmer les consciences les moins délicates.

Cette corruption générale des villes fait qu'une fille
ne peut guère s'y réfugier sans compromettre sa vertu.
Pourtant, combien de pères et de mères de famille ne
se font aucun scrupule de laisser partir leurs filles
comme servantes ou modistes, sous prétexte que leur
salaire sera double de celui qu'elles pourraient gagner
dans le village! Eh bien! je crois que ces parents

auraient besoin d'être éclairés sur le véritable état des choses ; car je ne puis pas supposer que l'indifférence pour leurs enfants aille au point de compromettre sciemment, d'une manière si grave, leurs intérêts les plus sacrés.

Le père et la mère ont souvent de la peine à sauvegarder l'innocence de leur fille dans leur propre pays. Pourtant, combien d'éléments préservateurs ici qui n'existent pas ailleurs ? Dans les campagnes, la jeune fille est généralement sage : rien ne lui enlève cette pudeur naturelle dont le Créateur a fait l'ornement et la protection de son sexe ; elle trouve chaque jour de nouvelles forces dans les instructions de son pasteur, dans les sacrements qu'elle fréquente, etc. La sollicitude de sa mère fait qu'elle évite bien des dangers, au moins les plus graves, car la mère sait mieux que tout autre que celui qui aime le danger ne tarde pas à y périr. La jeune personne qui se respecte tient elle-même à éviter les réunions dangereuses. Sachant que rien ne peut rester caché dans le village, elle s'abstient scrupuleusement de tout ce qui pourrait compromettre sa réputation, et l'empêcher de faire un bon parti.

Dans les villes, nous ne trouvons aucun de ces préservatifs. La fille, séparée de sa mère, n'a pas à craindre sa vigilance ; du reste, il lui serait si facile d'y échapper ! On n'a plus à redouter le qu'en dira-t-on : tout peut se faire impunément aux yeux des hommes.

Non-seulement les préservatifs ne sont plus les mêmes que dans les campagnes, mais tout dans les habitudes semble conspirer pour multiplier les écueils et tendre des piéges à l'innocence. La vanité, l'amour des bals, des théâtres, des romans, tout porte la jeune fille à prendre la voie du vice, et à devenir ce qu'elle n'aurait jamais été dans son village (1).

Parmi les filles qui abandonnent leur pays pour se réfugier dans une ville, il en est beaucoup qui se voient comme poussées au libertinage par la force des choses. La plupart des femmes employées dans les ateliers, ainsi que les couturières et lingères de la capitale, gagnent jusqu'à deux francs par jour. Si l'on déduit le temps perdu par les maladies, les mortes-saisons, les fêtes civiles et religieuses, etc., on comprendra que le salaire de l'année ne peut guère s'élever qu'à la somme de cinq cents francs. Serait-il de six cents francs, que reste-t-il à l'ouvrière pour vivre, après avoir payé le loyer de sa chambre, et surtout après avoir pourvu aux exigences d'une toilette telle que la portent les femmes de Paris? La jeune fille est donc obligée de se pro-curer des ressources en dehors de celles qui lui vien-

(1) Paris renferme une multitude de femmes qui font le mé-tier, quand elles ne sont plus bonnes à rien, de pervertir la jeunesse. Les infâmes créatures qui escomptent ainsi l'im-moralité, s'adressent à toutes les conditions, et cela par toutes sortes de moyens et de procédés qu'on peut appeler infernaux.

nent de son travail. Ainsi le besoin lui-même se joint aux attraits et aux écueils pour la porter au mal (1).

Ce sont là des résultats effrayants, mais ils n'en sont pas moins communs et moins certains. D'après les statistiques les plus minutieuses, sur cent filles qui se livrent à la prostitution, il en est plus de trente qui y ont été poussées par le besoin. Cette statistique nous apprend aussi que ces filles de prostitution se recrutent principalement parmi les jeunes personnes qui abandonnent les campagnes pour courir dans une ville comme servantes ou couturières. Il me semble

(1) D'après le dernier recensement, Paris compte 204,995 ouvriers et 112,891 ouvrières; parmi ces dernières, il y en a 60,000 qui s'adonnent aux diverses sortes de couture. Cette statistique ne comprend pas les ouvrières qui ne sont employées que dans les moments de presse, ni celles qui sont devenues Parisiennes par l'extension des limites de Paris. Les plus forts contingents, à cette époque, ont été fournis par les couturières pour tailleurs d'habits (10,769, et 11,050 en comptant les apprenties), pour les lingères (10,110), les couturières proprement dites (6,813), les couturières pour la cordonnerie (6,789). On ne comptait alors que 873 ouvrières pour les gants de peau et 206 pour les gants de tissus. D'après la statistique des commissaires d'enquête, les repriseuses gagnent 2 fr. 5 c. par jour, les modistes 1 fr. 98 c., les brodeuses 1 fr. 71 c., les couturières pour femmes 1 fr. 70c., les ouvrières des costumiers 1 fr. 68 c., celles des fabricants de parapluies 1 fr. 60 c. La moyenne est de 1 fr. 22 c. pour les autres ouvrières; il faut bien remarquer que l'ouvrière mal vêtue ne peut trouver que très-difficilement de l'ouvrage chez les patrons.

que le passé est assez instructif à cet égard pour éclairer les jeunes personnes, et surtout les parents, sur la conduite qu'ils doivent tenir quand il s'agit de projets d'émigration. Puisqu'il est connu de tous, aujourd'hui, que les émigrations sont préjudiciables aux vertus religieuses et morales, n'est-ce pas plus que suffisant pour faire réfléchir les parents avant de laisser partir leurs enfants ? Les parents sont les protecteurs des intérêts de ceux qu'ils mettent au monde; ce devoir leur est inspiré par la nature même, car il est rare de voir un père et une mère ne pas se sacrifier pour le bonheur d'un enfant. Le tout est donc de bien comprendre les vrais intérêts pour les rechercher par-dessus tout. Eh bien ! il me semble qu'il ne faut pas un grand effort de réflexion pour comprendre que les biens éternels réservés à l'âme par la religion sont mille fois plus importants que les intérêts temporels, qui peuvent nous échapper à chaque instant par la mort. Du reste, si l'on veut travailler de la manière la plus efficace au bonheur de la vie présente de ses enfants, l'essentiel est de les rendre sages et vertueux. Il est rare que l'on ne puisse pas supporter le fardeau de la vie quand on est laborieux et économe, quand on est bon époux, bon père et bon citoyen. Ce qui rend vraiment heureux, c'est moins la richesse que la modération des appétits; or, tout cela peut s'obtenir et ne peut s'obtenir que par la religion. Tenons donc, par-dessus tout, à ce que nos enfants soient religieux; pour cela, évitons de les envoyer dans les grandes villes, toutes les fois surtout qu'ils ne peuvent pas compter d'avance sur une position meilleure (1).

CHAPITRE III

L'Ordre social.

Quoi qu'en ait dit Jean-Jacques Rousseau, les hommes ne sont pas faits pour vivre dans un état d'isolement, mais bien au contraire dans des rapports mutuels régulièrement établis. L'état social est un état de nature pour l'humanité; sans le secours de l'ordre social, l'humanité pourrait peut-être se maintenir, mais elle ne saurait prospérer.

(1) Nous avons parlé ici en thèse générale, car nous savons que la capitale renferme, surtout dans la classe des domestiques, des jeunes filles qui sont de vrais anges par leur piété et leur pureté. Cela tient en grande partie aux bons sentiments de certaines maîtresses de maison, qui leur sont quelquefois plus dévouées que leurs véritables mères. Ce qu'il y a encore de certain, c'est que la position des domestiques est dix fois plus avantageuse que celle des ouvrières, vu qu'elles sont logées, nourries, blanchies, éclairées et chauffées. Ce sont là des frais passablement considérables dans les villes, et surtout à Paris.

2.

Que faut-il à l'ordre social pour obtenir son but?
Il lui faut une autorité souveraine pour régler et faire
respecter les rapports des citoyens entre eux. Que
signifieraient des devoirs, s'ils n'étaient pas réglés et
enseignés? A quoi serviraient les règles, si les mé-
chants pouvaient les violer impunément?

Puisque l'autorité politique est nécessaire au maintien et à la prospérité de l'ordre social, nous devons
éloigner tout ce qui peut compromettre son existence,
entraver son influence pour le bien. C'est là pourtant
une conséquence nécessaire de la dépopulation toujours croissante de nos campagnes.

Combien de jeunes gens vont, chaque jour, demander aux villes, et surtout à la capitale, des emplois
de toute sorte? *N'obtient pas qui veut,* comme on le
sait. Il arrive donc que la plupart de ces jeunes gens,
après avoir dépensé leurs ressources, sont réduits à
battre le pavé des rues. Que désirent-ils et que
peuvent-ils désirer? Pour qu'il y ait assez de vacances
et de places disponibles, il faut des révolutions. Or,
qui veut la fin, veut les moyens. Jusqu'ici même, il
faut le dire, c'est par cette porte que sont entrées la
plupart des révolutions qui ont bouleversé la France.

Depuis cinquante ans, on ne se couche pas un seul
jour avec l'entière sécurité qu'on ne se réveillera pas
le lendemain en pleine révolution. D'où naissent toutes
ces incertitudes et ces anxiétés? On sait bien d'avance

que la révolution ne peut venir que d'un seul des quatre-vingt-neuf départements qui constituent la France. Pourquoi donc Paris fait-il des révolutions, alors que le reste de la France ne demande que l'ordre et la paix? Les Parisiens sont-ils plus maltraités que les autres par les gouvernements? Tout au contraire. Les Parisiens naissent-ils avec des instincts différents de ceux des autres Français? Nullement. Ce ne sont point, du reste, les vrais Parisiens qui font les barricades; ce sont des étrangers venus des provinces à la capitale pour faire fortune. Il est certain que s'il n'y a plus de solidité dans les gouvernements, cela tient uniquement aux trop grandes agglomérations. Si Paris n'avait que cent mille âmes, s'il n'avait point attiré tous les villageois qui ont abandonné les campagnes, on n'aurait pas les mêmes craintes, et la France pourrait réduire d'un seul coup son budget de deux cents millions, en diminuant de moitié l'effectif de l'armée et celui des agents de police.

Cette réduction serait encore plus sensible, si l'on tenait compte des sacrifices que fait l'État pour donner du travail aux ouvriers qui sont venus en demander à la capitale. Qu'arrive-t-il, en effet, quand le travail vient à manquer? On ne sait faire qu'une chose, crier contre le gouvernement, en le rendant responsable de tous les accidents et de toutes les misères.

Il en est ainsi pour les ouvriers de toutes les branches d'industrie et de commerce. Tant que le travail ne manque pas, et qu'il est bien payé, tout va bien. Il n'en est pas de même si une crise quelconque vient ralentir le commerce et suspendre les travaux. Alors, des milliers d'ouvriers se trouvant sans pain, c'est au gouvernement qu'ils s'adressent; c'est sur lui qu'ils font retomber la cause de leur malheur. Quoiqu'il ne dépende pas plus des gouvernements d'éviter les crises commerciales que de changer la température des saisons, il n'en est pas moins vrai que tous les accidents lui sont imputés, et que les fauteurs des révolutions se servent de ces crises comme d'un prétexte pour ébranler l'autorité jusque dans ses bases fondamentales (1).

Si l'on veut avoir une idée vraie de la différence qui existe dans les sentiments des cultivateurs et ceux de la plupart des ouvriers des villes par rapport à l'ordre social, on n'a qu'à consulter le résultat des votes émis dans toutes les grandes circonstances, pour comparer celui des villes avec celui des campagnes. D'où sont venus les votes qui tendaient au trouble et au désordre? D'où sont venus les votes en faveur du respect des droits et des lois? Je n'ai

(1) Nous n'entendons nullement excuser les gouvernements qui ne s'occuperaient pas assez du bien-être des masses.

pas besoin de faire la réponse, vu qu'elle est connue de tous. Comment pourrait-il en être autrement, puisque Paris est le refuge de tous les villageois qui ont perdu chez eux leur fortune ou leur réputation, c'est-à-dire de tous ceux qui ne peuvent que gagner dans les bouleversements sociaux. Du reste, l'esprit d'insubordination est tel à la capitale, que le commis se croit obligé de voter contre son patron, et le serviteur contre son maître.

On dit que *les peuples font les gouvernements.* Rien ne me paraît mieux fondé que cette assertion; car il est rare qu'un gouvernement soit despotique pour le seul plaisir de l'être. L'esprit de calme qui caractérise les populations rurales est bien plus propre à favoriser l'extension des libertés, que les extravagances de certains chefs de club. Le gouvernement qui pourrait compter sur l'amour de ses sujets, ne demanderait pas mieux que de se débarrasser de toutes les mesures de sûreté qui sont de nature à entraver les aspirations d'un grand nombre; il entrerait dans la voie des libertés larges avec d'autant plus de satisfaction, que ce serait un moyen de resserrer les liens qui l'unissent à ses administrés, et d'alléger le poids de son autorité d'une grande partie de ses charges et de sa responsabilité.

Si les gouvernements légitimes n'ont rien à craindre des campagnes, il n'en est pas de même à l'égard des villes ; ils sont obligés de se précautionner d'avance contre toute éventualité. C'est dans ce but que l'on multiplie les fonctionnaires, les agents de police, et que l'on entretient, en tout temps, des armées nombreuses. Assurément, toutes ces précautions sont sages, puisqu'elles sont nécessaires ; mais la France ne serait-elle pas plus prospère si les millions que ces précautions nécessitent pouvaient être employés aux améliorations des campagnes ? S'il en avait été ainsi depuis cinquante ans, nos campagnes ressembleraient à des jardins ; on n'oserait plus les abandonner, et l'agriculture, principale force de la richesse publique, produirait des merveilles que n'égalera jamais l'industrie (1).

— Pourquoi, m'objectera-t-on, les hommes qui obligent l'État à prendre des précautions ne seraient-ils pas capables des mêmes excitations en habitant les campagnes au lieu des villes ? La différence, vous répondrai-je, est facile à expliquer : Les grandes assemblées font les grands tumultes ; telle personne qui n'aurait jamais conçu de mauvais sentiments par elle-même, est pourtant susceptible d'en accepter. A force d'entendre dire que le gouvernement a des torts graves, elle finit par se le per-

(1) Les armées nombreuses ont plutôt pour but de protéger l'intérieur, que de défendre les frontières. Cela est vrai, surtout dans notre siècle.

suader. De la persuasion elle passe facilement à la colère, surtout si elle souffre, et croit qu'elle peut faire cesser son mal par un changement de gouvernement.

L'homme débauché qui vit au jour le jour, c'est-à-dire celui qui ne travaille que parce qu'il ne pourrait, sans argent, être admis au cabaret, peut aimer les bouleversements ; mais il n'en est pas de même du propriétaire, qui, comme tel, a tout intérêt à ce que la prospérité du commerce ne soit pas entravée par une révolution. Or, il est rare que nos ouvriers des campagnes ne parviennent point, à force de travail et d'économie, à devenir possesseurs d'un petit avoir, ne serait-ce que d'une terre ou d'une chaumière. Le villageois qui possède un lambeau de terrain se sent pour lui autant d'attachement que le grand propriétaire pour ses nombreux domaines. Comme il a horreur du communisme et du socialisme, et qu'il craint qu'une révolution n'ouvre la porte à ces fléaux, il tient par-dessus tout à conserver le pouvoir existant, surtout si ce pouvoir est du nombre de ceux qui favorisent la prospérité des campagnes. Tout simple qu'il paraît, ce villageois comprend, dans son gros bon sens, que le grand mal de la société actuelle, c'est de n'avoir pas de stabilité dans ses idées et ses convictions ; il reconnaît qu'il y aurait bien plus d'élan et de confiance dans tous les rapports et transactions, si chacun de nous pouvait se dire : « De cent ans au moins, il n'y aura pas de « révolution (1). »

« Agriculteur, dit Caton, est synonyme de bon citoyen. » L'agriculteur tient plus que personne aux bons gouvernements ; le législateur qui lui va le mieux n'est pas tant celui qui fait pulluler les journaux et les harangues, que le prince qui s'attache à encourager l'agriculture par l'écoulement des produits et la diminution de l'impôt foncier. Appréciant les événements et les actes, non en politique habile, mais en homme de bon sens, il comprend que si l'agriculture avait absorbé les fonds que l'on a dépensés depuis un siècle à des solennités purement diplomatiques, la France n'en serait pas moins florissante, ni les habitants moins riches et moins heureux.

Bien des utopistes ont reproché aux habitants de la campagne de n'être pas jaloux de leurs droits politiques. « Si tout le monde leur ressemblait, « disent-ils, nous n'aurions jamais eu que des « gouvernements despotiques et absolus. » C'est là une grave erreur, croyez-le. Le paysan est essentiellement ennemi des priviléges qui l'ont maintenu,

---

(1) Le monde n'aurait jamais vu de révolution, a dit un profond économiste, si l'on avait pu trouver le moyen de rendre chaque citoyen possesseur d'un lambeau de terre ou d'une cabane.

pendant des siècles, dans un état de misère et d'abru
tissement ; sa répugnance, à cet égard, est tellement
vive, qu'elle va quelquefois jusqu'à l'injustice. Mais
si le paysan est essentiellement jaloux de l'égalité
civile et de tous les autres droits essentiels à la dignité
humaine, il n'en est pas moins conservateur. Avant
tout, il a horreur de tout ce qui peut troubler l'ordre
public, entraver la prospérité du commerce et troubler la paix des familles. Qu'on sache bien que toutes
les fois qu'il s'agira d'aggraver l'impôt foncier, de
porter atteinte à la religion et à la morale, de menacer
les droits de la famille et de la propriété, le paysan se
fera un devoir de s'opposer énergiquement à des
utopies si dangereuses. Faudrait-il pour cela recourir
à des gouvernements absolus, qu'il ne reculera jamais ;
car ayant pour principe de choisir de deux maux le
moindre, il préfère compter moins de libertés politiques
et n'être pas menacé dans la possession et la jouissance de ce qui lui est le plus cher et le plus sacré.
« L'agriculture, dit Lamartine, fait la fixité et la moralité des populations qui s'y livrent. Il n'y a pas de
code de législation ou de morale, excepté la religion,
qui contienne autant de moralisation qu'un champ
qu'on possède où qu'on cultive. »

« En 1846, dit M. de Falloux, c'est-à-dire à une
époque pleine de sécurité gouvernementale, un
bureau de la chambre des députés avait à nommer

son commissaire du budget. La discussion allait se fermer sur quelques banalités politiques, lorsqu'un député, d'un visage imposant et d'un accent convaincu, se mit à déclarer qu'il avait une recommandation expresse à faire au commissaire qu'on allait élire : c'était d'insister de toutes ses forces contre l'affluence de plus en plus effrayante de la population ouvrière de tous les points de la France à Paris. « Depuis longtemps, dit-il, membre du conseil municipal parisien, je vois le flot monter, le péril grossir ; nous nous endormons au sein d'une tranquillité trompeuse, et nous serons réveillés quelque matin par une formidable catastrophe. »

Quel député parlait ainsi ? Était-ce un conservateur ahuri, un rétrograde sans entrailles et sans lumières ? Non, c'était un homme que sa prédiction accomplie allait porter bientôt au pouvoir, c'était François Arago. Sa patriotique doléance avait surtout en vue la soudaine agglomération ouvrière occasionnée par l'exécution des fortifications de Paris. Depuis, nous avons assisté à la révolution de février, nous avons vu la République escalader le palais Bourbon, un Louis Blanc s'emparer du Luxembourg ; nous avons subi les terribles et douloureuses journées de juin, et toutes ces leçons ont été perdues !

Depuis qu'Arago adressait ces paroles, le mal n'a fait qu'empirer ; Dieu veuille lui trouver un terme au plus tôt !

CHAPITRE IV

L'Esprit de famille.

Il n'est pas possible de trouver sur la terre des joies plus pures, plus douces et plus bienfaisantes que celles de la famille. Le père le moins favorisé sous le rapport des biens de la fortune peut se dire heureux, toutes les fois qu'il aime ses enfants et se voit respecté par eux. Si vous étudiez les sentiments qu'il éprouve chaque soir au milieu de ceux qui reconnaissent son autorité, vous comprenez sans peine qu'il se dédommage amplement de toutes les fatigues qu'il a supportées pendant le jour; vous ne serez nullement étonnés que son sort soit envié par les millionnaires qui n'ont pas de famille, ou n'en ont une que pour leur créer des préoccupations et des contrariétés. On est vraiment saisi d'admiration quand on considère le calme et les affections de certaines familles de campagne : les grands-pères, les époux, les fils, les petits-fils, les gendres, les brus, tout vit sous le même toit, tout mange à la même table; les intérêts, les joies semblent être les mêmes pour tous, car ce qui fait le bonheur de l'un fait aussi le bonheur de l'autre. Dans une ville, ne serait-ce pas là une république insupportable ?

Cet esprit de famille qui retenait autrefois tous les membres au foyer domestique s'affaiblit chaque jour d'une manière étonnante. Les époux ne tiennent plus à passer auprès de leurs épouses le temps qui leur reste après avoir vaqué à leurs affaires ; le cercle seul peut les attirer et les distraire. Les enfants ne sont plus aussi dociles à la voix des parents, et l'amour des plaisirs ou l'esprit d'indépendance les porte à s'éloigner d'eux. C'est à peine si le mari peut supporter sa femme ; ce qu'il y a de certain, c'est qu'il sent le besoin de se séparer de tous ses enfants une fois qu'ils sont établis.

L'esprit de famille n'existe donc plus, surtout dans les villes ; disons même que les ménages y sont souvent très-malheureux, et cela par suite des soupçons que fait naître cette vie libre et romanesque de la plupart des citadins. Quiconque est assez expérimenté pour comprendre toute l'influence que les affections domestiques peuvent exercer sur le bonheur des individus, ne peut s'empêcher de déplorer l'affaiblissement des liens de famille, et, par suite, les causes qui tendent à cet affaiblissement. Dans les campagnes qui n'ont que très-peu de relations avec les villes, on a encore l'avantage de trouver des familles aux mœurs patriarcales. Bien des fois, en étudiant de près les qualités qui font leurs prérogatives pour les comparer aux discordes qui règnent dans la plupart des ménages des villes, je me suis dit en moi-même : « N'est-ce pas le ciel en face de l'enfer? » Puisqu'on ne recherche la fortune que pour les agréments qu'elle peut nous donner, n'est-il pas vrai de dire que les familles des cultivateurs sont mille fois plus favorisées que la plupart des millionnaires de la capitale? Le bonheur ne peut exister sans la vertu des époux ; or, quiconque connaît intimement la vie des villes, sait par avance ce que peut y être la vie de famille (1).

Il y a des pères, nous le savons, qui n'ont pas honte de laisser sans pain leur femme et leurs enfants pour passer des jours et des nuits dans l'orgie; où voit-on de si tristes exemples? dans les villes. Il y a aussi des enfants assez dénaturés pour mépriser les ordres et les conseils de leurs parents; ils vont quelquefois jusqu'à désirer leur mort afin de satisfaire plus tôt le besoin qu'ils éprouvent de jouir du patrimoine. quelquefois même pour payer les dettes qu'ils ont contractées chez les tailleurs, les restaurateurs et les cafetiers : c'est encore la vie des villes qui tend d'elle-même à développer des instincts si brutaux. Disons donc, d'après l'expérience de tous les jours, que la

(1) En 1848, neuf mille femmes de Paris se présentèrent à la chambre des députés pour réclamer la loi du divorce; le reste de la France n'aurait pas réuni autant de femmes dans le même but.

vie de famille perd dans les villes la plupart des prérogatives qui font ses charmes. Comme c'est principalement dans la famille que nous devons chercher et
que nous pouvons trouver les véritables agréments,
tenons par-dessus tout à la préserver de tout ce qui
peut altérer sa pureté; préférons les campagnes aux
villes : car, disons-nous, favoriser la désertion des
campagnes, c'est favoriser le démembrement des familles, c'est tendre à la ruine des liens les plus
chers à la nature et les plus sacrés devant Dieu.

« Ce qui nuit à l'esprit de famille, dit Mgr Angebault, évêque d'Angers, c'est l'habitude de l'isolement
pour les individus, c'est l'égoïsme, qui ne cherche que
ses goûts, qui ne veut se gêner pour personne; c'est
l'habitude passée dans nos mœurs de se retirer à
part en s'éloignant de la vie commune. Il n'y a plus
guère de châteaux, il y a même assez peu de grandes
maisons, plus de ces salles de travail où la famille se
réunissait, où les jeunes filles nombreuses, sous
les yeux de la mère, travaillaient sans souci du
lendemain. Maintenant, chacun veut avoir son ap-
partement privé, sa chambre, tant petite soit-elle;
c'est son asile inviolable, à elle; c'est là qu'elle veut
venir travailler, rêver, lire ou faire sa correspon-
dance. Ah! Ce n'est pas ainsi que comprenait l'éducation cette noble femme qui s'était élevée jusqu'aux
marches du trône, et donnait des leçons aux filles de

ceux qui avaient, pour l'État, versé leur sang sur les champs de bataille.

« Quant aux hommes, c'est pire encore. Le jour, ils vaquent à leurs affaires, et c'est juste : ils sont dans leurs cabinets, dans leurs ateliers, dans leurs bureaux ; mais du moins, autrefois, le soir rassemblait la famille, le chef oubliait ses affaires pour se consacrer à sa femme et à ses enfants. Les divers membres de la famille se réunissaient chez les grands parents. les voisins s'y joignaient ; une douce familiarité animait ces soirées ; les repas même étaient fréquents, mais non somptueux, puis on se retirait de bonne heure ; les nuits étaient consacrées au repos et non à ces plaisirs bruyants où trouvent un écueil et la santé et parfois aussi l'innocence. Maintenant il n'y a plus de réunions familières, c'est-à-dire pour la famille ; il n'y a que de grandes soirées, des bals, où, dans des salons devenus trop étroits, on se presse, on se parle sans se connaître, on se quitte sans se regretter ; on se retirerait excédé d'une telle corvée, si la mode n'avait pas dit que l'on doit y trouver du plaisir.

« Dans les soirées des autres jours, que devient la famille patriarcale que le nombre rendait si animée ? La femme reste seule, livrée à elle-même. Le mari et les jeunes gens eux-mêmes abandonnent, après le repas, le toit paternel, qui n'est plus qu'un restaurant ; ils vont au lieu des réunions : là, pour eux, les distractions et les passe-temps. Auprès des femmes, autrefois, l'urbanité française leur imposait des lois ; ils devaient près d'elles être attentifs, polis, réservés ; ils prenaient à ce contact des mœurs plus douces, des habitudes plus respectueuses : les exemples des anciens ne leur auraient pas permis de s'écarter des limites de l'exquise politesse qui caractérisait notre nation ; mais là maintenant ils sont libres, ils y passent une partie des nuits dans des jeux ruineux, où, dans une atmosphère brumeuse et pestiférée, ils oublient leurs affaires, leurs ennuis et aussi la famille (1).

« Si vous croyiez que dans les classes inférieures le mal soit moins grand, vous seriez dans l'erreur : l'ouvrier des villes, qui ne connaît plus le dimanche, chôme le jour suivant. L'Église, dans l'intérêt même des travailleurs, en rappelant le précepte divin, avait voulu que le jour du Seigneur fût consacré au repos et à de pieux exercices ; mais l'artisan, au lieu de se délasser doucement au sein de sa famille pendant l'hiver, et en allant respirer l'air pur de la campagne pendant l'été, ne cherche que d'autres compagnons semblables à lui ; et, oubliant leurs femmes, leurs enfants, ils

(1) Parmi les opulents des villes, il en est passablement chez lesquels le mari et la femme ont des appartements isolés ; c'est à peine s'ils se voient une fois le jour pour se saluer. Le mariage n'est souvent qu'un voile pour couvrir bien des désordres. Sont-ce là des familles ?

vont ensemble noyer leur raison et dissiper follement le produit des travaux de la semaine. »

C'est dans les villes que sont nés et que se manifestent les tendances et les habitudes perverses que déplore Mgr Angebault ; c'est là que les préoccupations pressantes, les émotions diverses semblent avoir pour effet d'affaiblir les affections et les joies domestiques. Les parents n'y ont même pas le temps de soigner leurs enfants ; ils les confient à une nourrice, éloignée quelquefois de trente lieues. Le père et la mère n'ont donc pas le doux plaisir de mettre leur enfant sur les genoux, de lui prodiguer des caresses, de contempler son sourire, d'entendre ses doux cris. Si on le retire de la nourrice, c'est pour le confier à la crèche ou à la salle d'asile, et plus tard à l'école et à l'apprentissage. Une fois en état de gagner son pain, le jeune homme se sépare de ses parents pour les voir très-rarement ; s'il se marie, c'est toujours pour habiter hors du foyer paternel.

Dans les campagnes qui n'ont eu que des relations très-rares avec les grands centres, le fils n'a pas de peine à supporter les défauts de ses parents, ni les parents ceux des enfants. Cela se comprend : les enfants, ayant grandi sous les yeux de leurs père et mère, ont été formés par eux et habitués de bonne heure à leurs petits défauts, s'ils en ont. Les parents qui conservent leurs enfants au foyer domestique ne perdent rien de l'autorité paternelle qu'ils exercent sur eux dès le plus bas âge. Si l'on peut dire que l'amour domestique est le foyer même du vrai bonheur, on doit ajouter que cet amour n'est jamais si doux et si complet que dans ces contrées. Il semble que, si Dieu réserve aux villageois ce qu'il y a de plus pur dans l'air matériel, il tienne aussi à leur réserver ce qu'il y a de plus noble et de plus sensible dans les affections.

Dans les classes ouvrières des villes, les mauvais ménages viennent souvent de l'inconduite de l'un des époux, et principalement de la débauche du mari, qui dépense tout au cabaret. Mais outre les motifs qui viennent de l'inconduite, il y a pour ces ménages des raisons de nécessités qui tendent à les priver des charmes de la famille. A la capitale, par exemple, il est presque impossible au mari le plus sage de gagner de quoi nourrir femme et enfants. La femme est donc obligée de quitter le foyer domestique pour aller demander du travail à l'atelier; c'est à peine si l'époux et l'épouse peuvent manger ensemble une fois du jour.

« Le mal, dit M. Jules Simon, dans son ouvrage sur *l'Ouvrière*, c'est que la femme devenue ouvrière n'est plus une femme. Au lieu de cette vie cachée, abritée, pudique, entourée de chères affections, et qui est si nécessaire à son bonheur, et au nôtre même par une conséquence indirecte, mais inévitable, elle vit sous la domination d'un contremaître, au milieu de compagnes d'une moralité douteuse, en contact perpétuel avec des femmes, séparée de son mari et de ses enfants. Dans un ménage d'ouvriers, le père, la mère sont absents, chacun de leur côté, quatorze heures par jour. Donc il n'y a plus de famille. La mère, qui ne peut plus allaiter son enfant, l'abandonne à une nourrice mal payée, souvent même à une gardeuse, qui le nourrit de quelques soupes. De là une mortalité effrayante, des habitudes morbides parmi les enfants qui survivent, une dégénérescence croissante de la race, l'absence complète d'éducation morale. Les enfants de trois ou quatre ans courent au hasard, dans des ruelles fétides, poursuivis par la faim et le froid. Quand, à sept heures du soir, le père, la mère et les enfants se retrouvent dans l'unique chambre qui leur sert d'asile, le père et la mère fatigués par le travail, et les enfants par le vagabondage, qu'y a t-il de prêt pour les recevoir? La chambre a été vide toute la journée ; personne n'a songé aux soins les plus élémentaires de la propreté ; le foyer est mort ; la mère épuisée n'a pas la force de préparer les aliments ; tous les vêtements tombent en lambeaux. Voilà la famille telle que les manufactures nous l'ont faite. Il ne faut pas trop s'étonner si le père, au sortir de l'atelier, où sa fatigue est quelquefois extrême, rentre avec dégoût dans cette chambre étroite, malpropre, privée d'air, où l'attendent un repas mal préparé, des enfants à demi sauvages, une femme qui lui est devenue presque étrangère, puisqu'elle n'habite plus la maison et n'y rentre que pour prendre à la hâte un peu de repos, entre deux journées de travail. S'il cède aux séductions du cabaret, ses profits s'y engouffrent, sa santé s'y détruit; et le résultat produit est celui-ci, qu'on croirait à peine possible : « Le paupérisme au milieu d'une industrie qui prospère. »

Ce qui n'est pas moins triste que les considérations faites ici par M. Jules Simon, c'est que la plus grande partie des employés, fonctionnaires et ouvriers des villes, ne sentent plus le besoin des charmes de la famille. Non-seulement le mal est grand pour la morale, mais il arrive tous les jours, à Paris, que des célibataires restent malades ou morts pendant des jours entiers sans que le plus proche voisin s'en aperçoive.

CHAPITRE V

L'Agriculture.

Par la fâcheuse tendance que nous combattons ici, les capitaux sortent des campagnes pour se porter sur l'industrie ; il en est de même des intelligences et des bras : l'appât du gain entraîne tout dans les villes. Déjà les améliorations agricoles sont devenues presque impossibles à défaut de têtes pour les concevoir, à défaut de fonds et surtout à défaut de manœuvres nécessaires pour les exécuter. Je crains bien, si nous marchons encore de ce pas pendant quelques années, que nos propriétaires, métayers et fermiers ne trouvent bientôt plus de domestiques pour la culture des domaines. D'après les renseignements qu'ont bien voulu nous fournir des curés de tous les diocèses de France, la manie de quitter la charrue pour le comptoir exerce ses fureurs dans presque tous les départements, même dans ceux où les emplois agricoles sont assez largement rétribués.

A ce point de vue, l'agriculture est, de nos jours, plus en décadence que jamais. Quel malheur pour la société ! Les peuples, en effet, pourraient, à la grande rigueur, se passer de colléges, d'académies, de chemins de fer, de télégraphes, mais il leur est mpossible de se passer de pain. Comme le progrès agricole est la base de tous les autres progrès, nous devons regarder le mépris des travaux des champs comme la plus grande des calamités.

Si, en parlant des ravages que la désertion des campagnes fait à l'agriculture, nous avions à prouver comment la prospérité sociale est intimement liée au progrès agricole, les éléments ne nous feraient pas défaut. Nous montrerions que l'on ne peut mépriser cette science fondamentale sans jeter, par cela même, dans l'ordre social, un germe de misère et de trouble; nous n'aurions même pas besoin de recourir aux arguments, nous n'aurions qu'à invoquer l'histoire des différents peuples qui se sont succédé dans le monde, et elle nous répondrait aussitôt en faveur de notre assertion.

L'histoire nous dit, en effet, que tant que l'agriculture fut en honneur chez les Romains, ce peuple resta un des plus puissants et des plus prospères du monde. Romulus et Numa avaient compris, dans leur législation, qu'il fallait associer l'amour de la propriété à celui de la patrie. L'Empire tomba en décadence aussitôt que l'on s'éloigna de ces principes. Si nous parcourions l'histoire des autres peuples, nous y trouverions les mêmes inspirations et les mêmes enseignements.

Dans l'histoire même de notre patrie, nous re

marquons que tous les princes illustres ont tenu à se préoccuper des améliorations agricoles. Appréciant sainement la source de la propérité publique, ils ont tenu par-dessus tout à inspirer l'attachement au sol et le désir des améliorations ; malheureusement, leurs désirs ont été souvent trop limités, leurs inspirations trop peu secondées. Si ces princes, véritablement jaloux du bien-être général, n'avaient pas rencontré d'obstacles et avaient pu vivre assez longtemps pour réaliser des intentions si louables, leur règne aurait été une époque et un progrès pour notre patrie. Puisque l'agriculture est un principe de vrai progrès dans le bien-être général, tous les éléments qui, comme la désertion des campagnes, forment des obstacles à son développement, sont par cela même un vrai malheur pour la prospérité de l'ordre social. « Le labourage et le pastourage, disait Sully, voilà les deux mamelles dont la France est alimentée, les vraies mines et trésors du Pérou. »

Par suite de l'émigration, les campagnes se dépeuplent, les terrains incultes restent dans le même état ; les champs cultivés autrefois deviennent souvent improductifs à défaut de bras pour les travailler. Ce qu'il y a de certain, c'est que plusieurs terres mal cultivées rapportent moitié moins de ce qu'elles pourraient produire si elles étaient mieux cultivées. Si ce mal croissait, à l'avenir, dans les mêmes proportions qu'il a prises jusqu'ici, il ne s'ensuivrait pas seulement un état de gêne, il en résulterait, à un moment donné, une véritable crise sociale, plus terrible et surtout plus difficile à réparer que toutes les révolutions du monde. Si, par malheur, il arrivait une année de disette, on verrait que nous n'exagérons rien.

Assurément, je ne suis pas de ceux qui veulent méconnaître les bienfaits du progrès industriel; je les crois incontestables. Grâce à ce progrès, l'homme des temps présents peut visiter toute la terre, devenue son domaine par la création; s'il ne se sent point le courage ou les ressources nécessaires pour parcourir la terre, il peut au moins jouir de ses produits : l'habitant du Midi peut demander à son frère du Nord les productions qui ne viennent pas sur son sol, et réciproquement.

Ce n'est point là encore qu'il faut chercher les plus grands résultats; ce qu'il y a de plus précieux, c'est la communion des intelligences et des cœurs qui découle naturellement de cet état de choses. Par la facilité des communications, les peuples civilisés portent la lumière chez ceux qui ne le sont pas encore. Quel bien ne font pas nos missionnaires catholiques, sous le rapport social et religieux, aux barbares qu'ils vont évangéliser? Entre les peuples civilisés, les richesses intellectuelles s'accroissent chaque jour; le plus riche donne au plus pauvre sans s'appauvrir lui-même, et il est rare que le plus instruit n'ait pas lui-même quelque gain à en retirer. Quel est l'homme, en effet, qui possède assez de connaissances pour n'avoir pas besoin d'en acquérir de nouvelles et quel est celui qui n'en acquiert pas en étudiant les livres et les mœurs des peuples qu'il n'avait pas visités?

Ce qui fait encore que l'humanité retire beaucoup du progrès industriel pour son progrès intellectuel, c'est qu'on est parvenu à faire remplacer dans bien des cas le bras de l'homme par les forces de la mécanique. Une fois que les machines auront diminué de plus de moitié les travaux manuels, tous ceux qui remplissent les fonctions que rempliront alors les machines, pourront se livrer à des travaux plus nobles et plus conformes à la nature de l'être intelligent. En obtenant avec six heures de travail les résultats qui exigeaient autrefois vingt-quatre heures, et cela par le seul secours d'une mécanique, j'ai l'avantage de moins épuiser mes forces et de garder plus de temps pour les occupations plus nobles de mon esprit.

Ces bienfaits ne sont pas moins utiles au villageois qu'au citadin, vu que l'on peut remplacer les bras du faucheur, du moissonneur, du batteur, etc., par des machines qui remplissent le même rôle. Sans doute il faudra toujours, de la part de l'agriculteur, de la vigilance, du soin, et même un certain travail manuel; mais il n'en reste pas moins vrai que les machines remplaçant les bras de l'homme pour un grand nombre d'applications purement matérielles, l'agriculteur aura plus de temps pour la direction des travaux, l'étude de combinaisons nouvelles, etc. Les améliorations deviendront d'autant plus faciles et fructueuses, que les exécutions seront moins pénibles et moins dispendieuses.

Tout cela prouve qu'on aurait eu tort de ne pas encourager l'industrie, mais ne prouve pas qu'on ait eu raison d'oublier l'agriculture. L'agronomie n'est-elle pas une science, et même la première des sciences? C'est pour cela qu'en créant l'homme, Dieu lui imposa l'obligation de travailler la terre. Que deviendrions-nous, en effet, si la terre n'était fécondée par notre travail?

Puisque la prospérité agricole est la condition et la force de toute espèce de prospérités, on devait faire marcher de pair l'agriculture et l'industrie, en donnant des encouragements aussi bien à l'une qu'à l'autre. L'ordre logique aurait même voulu que l'on veillât d'une manière spéciale aux progrès agricoles.

L'industrie, disons-nous, par un développement trop rapide, a enlevé aux campagnes presque tous les bras et tous les capitaux; il faut donc imprimer à l'agriculture un mouvement de compensation, par lequel les campagnes soient mises en voie de reprendre leurs capitaux et leurs bras. Un pareil but pourra être atteint, si l'on fait pour elle les sacrifices que l'on a faits pour l'industrie. Ce mouvement est d'autant plus facile à donner, que tous les esprits sérieux en sentent la nécessité, et l'attendent avec impatience comme un divin messie.

Depuis 48, l'agriculture semble vouloir reprendre peu à peu la place qui lui revient dans l'ordre social : nous remarquons, en tout et partout, plus d'attention sur le développement de cette science. Ainsi, un institut agronomique a été fondé à Versailles ; des écoles régionales ont été instituées à Grignon (Seine-et-Oise), à Grand-Jouan (Loire-Inférieure), à la Saulsaye (Ain), et à Saint-Angeau (Cantal). Trois bergeries et une vacherie appartiennent à l'État ; des fermes-écoles ont été formées dans 63 départements ; enfin l'agriculture est représentée par cent membres dans le conseil général de l'agriculture, des manufactures et du commerce. Presque tous les départements possèdent en outre des sociétés d'agriculture distribuant des prix ou des récompenses.

Les gouvernements doivent être d'autant plus enclins à favoriser le progrès agricole, que ce progrès est la seule voie de conquête qui leur reste ouverte dans un temps de civilisation. On fait encore la guerre pour défendre un principe, pour protéger la faiblesse, mais jamais pour empiéter sur le domaine de ses voi-

sins. Faisons même des vœux ardents pour que les
guerres deviennent inutiles en toute hypothèse. Autrefois, en effet, pas une seule famille ne savait procéder
à des partages sans recourir aux tribunaux; aujour-
d'hui que la civilisation a fait des progrès, les membres des familles les plus éclairées tiennent à s'ar-
ranger entre eux sans le secours des avocats et des
juges : ils savent tous qu'un mauvais arrangement
est préférable, à tous les points de vue, au meilleur des procès. Pourquoi les gouvernements ne
seraient-ils pas aussi sages que les familles? Les progrès de la civilisation ne s'adressent-ils pas à eux
comme aux simples particuliers? Le résultat en question est d'autant plus désirable que les procès entre
les peuples sont mille fois plus terribles dans leurs
conséquences que ceux qui naissent des discordes
de famille : il y a de plus en effet, dans ce cas,
les sacrifices si déplorables du sang humain. Tous
ceux que l'on se fait un honneur d'égorger, sous prétexte qu'ils sont nos ennemis, n'en sont pas moins
en réalité nos frères en Dieu et par nature. Le nom
seul de guerre suffirait donc pour exciter notre horreur, si la tradition ne nous apprenait, dès le bas âge,
à ne voir dans la guerre que les prestiges de la gloire
et le mérite des combattants. Le cri de guerre ne
peut venir que d'instincts tout à fait opposés à ceux
que nous appelons bons ; il est impossible de l'har-

moniser avec toutes les autres idées que nous avons de la vertu d'humanité.

Nous nous sentons naturellement de l'horreur pour le sang et surtout pour le sang humain : non-seulement nous ne voulons pas la mort de notre frère, mais nous faisons des tentatives et des sacrifices de toute sorte pour prolonger sa vie de quelques instants. C'est le but de la médecine, des hospices et autres institutions charitables. Pouvoir prolonger la vie d'un homme de quelques mois ou de quelques années, est un résultat plus que suffisant pour attirer l'attention et mériter la générosité des personnes charitables; pourtant, quelques mois de guerre ne font-ils pas plus de mal au genre humain que ne peuvent lui faire de bien tous les médecins et tous les hospices du monde? J'aime à croire que nos œuvres de bienfaisance ne servent pas seulement à consoler les infirmes et les vieillards qu'elles protégent, et qu'elles contribuent encore à prolonger l'existence de plusieurs pendant des mois et même des années. Mais que sont ces résultats, en comparaison de ce qui est ravi aux nations par les champs de bataille, avec leurs épidémies et leurs combats? Ici ce ne sont pas des vieillards et des infirmes qui n'ont plus que quelques jours à vivre, ce sont des jeunes gens, l'élite de la société, auxquels les chances ordinaires de la vie faisaient espérer encore de longues années d'existence. Oui, je le répète, l'in-

tention de protéger le faible contre une injuste agres-
sion peut seule excuser les horreurs de la guerre; ce
serait un vrai crime pour un peuple de vouloir agran-
dir son territoire à ce prix.

S'ensuit-il, pourtant, que l'esprit de conquête soit
devenu un crime dans un siècle qui fait naître chez
tous le besoin de monter et de s'élargir? Non, l'accroissement et la richesse ne sont pas plus un crime
pour les États que pour les particuliers, mais c'est à la
condition que les États n'emploieront que des moyens
en harmonie avec la civilisation. Un particulier a
le secret de doubler la valeur de son patrimoine
par les améliorations agricoles; pourquoi les gouvernements n'entreraient-ils pas dans la même voie?
L'expérience nous apprend que la population d'un
État monte ou descend selon le niveau de la richesse
publique! Plus nous aurons de produits agricoles,
plus nous verrons augmenter le nombre de nos habitants. Soyons persuadés que lorsque la France sera
en état de nourrir cinquante millions d'habitants,
la population ne tardera pas à s'élever à ce taux.
Par ce nouveau mode de conquête, les gouvernements n'auront plus besoin d'aggraver les impôts, de
sacrifier les existences, de dépouiller les voisins, etc.;
au contraire, ils verront multiplier leurs ressources
et leurs sujets, et pourront même venir en aide aux
peuples moins favorisés sous le rapport du climat.

La trop grande affluence des villes, nous tenons à le dire ici en passant, ne tend pas seulement à diminuer la population des campagnes, elle tend encore à diminuer considérablement celle de la France entière. Tous nos cultivateurs se marient; et plus ils comptent d'enfants, plus ils sont à l'aise pour travailler leurs champs; parmi les habitants des villes, au contraire, tous ceux qui ne restent pas célibataires ne comptent qu'un très-petit nombre d'enfants. Que n'aurions-nous pas à dire des torts graves que la corruption et la crainte des charges de la famille font subir dans les grandes villes à l'accroissement de la population? Les riches de Paris ne veulent pas beaucoup d'enfants, parce que les charges de mère privent les femmes de bien des plaisirs. Quant à l'ouvrier, comment nourrirait-il ses enfants? où les placerait-il, s'il en avait autant que nos cultivateurs? C'est à peine si le logement qu'il paye si cher peut contenir un lit et un berceau. La mansarde qui ne coûte que cent francs, ne peut pas être bien large.

Je sais bien qu'au dire de prétendus économistes, les guerres, les pestes, les profanations des devoirs du mariage, sont autant de choses nécessaires pour ne pas trop augmenter la population ; mais si ces hommes disent vrai, pourquoi ne prêchent-ils pas hautement contre les sciences et les institutions charitables qui ont pour but de prolonger la vie humaine ? Ce sont là des doctrines blasphématoires envers la Providence et contraires aux données de la vraie science économique. La terre est un trésor inépuisable ; et il a été démontré d'une manière péremptoire, que si l'on avait employé à l'amélioration des terrains le temps et l'argent que les siècles ont consacrés aux guerres, le sol serait capable, par ses diverses productions, de nourrir dix fois plus d'habitants qu'il n'en compte en ce moment.

CHAPITRE VI

L'Ouvrier.

« Le législateur, dit M. de Sismondi, doit songer à fixer dans les champs le plus grand nombre possible de citoyens ; car, à égalité de revenus, le pauvre y jouira de plus de santé et de plus de bonheur que dans les villes. »

Quoique, en effet, tous ceux qui abandonnent les campagnes pour les villes s'imaginent voler au paradis terrestre, l'expérience de tous les jours est là pour nous prouver que lorsque dix ont atteint la fortune ou les honneurs, cent autres sont devenus beaucoup plus malheureux en réalité qu'ils ne l'étaient dans leur pays. Sait-on ce qui facilite auprès de certaines personnes le placement des billets de loterie? c'est que toute l'attention de ces personnes se porte sur la chance d'obtenir le gros lot, et non sur la presque certitude de ne rien gagner; ne seraient-elles pas beaucoup moins zélées, si elles avaient compris que la chance que leur donne un billet est beaucoup moins probable que celle de mourir dans la huitaine? Il en est de même de ceux qui abandonnent nos campagnes pour courir dans les villes. « Un tel, dit-on, que j'ai connu au village, est maintenant millionnaire; ne suis-je pas de chair et d'os comme lui? » Fatale illusion! qui cause la perte de tantde cultivateurs! Pourquoi considérez-vous exclusivement celui qui a prospéré miraculeusement, et ne portez-vous pas aussi votre attention sur les deux ou trois cents que vous savez être beaucoup plus malheureux qu'ils ne l'étaient autrefois? N'avez-vous pas plus de chance de partager le sort de ces derniers que celui du premier?

Nous dirons, dans un de nos derniers chapitres, que la condition de l'ouvrier n'est pas aussi avantageuse qu'elle devrait l'être dans la plupart de nos campagnes; nous montrerons comment un peu de bonne volonté suffirait pour l'améliorer. Nous en tenant ici à l'état présent des choses, nous invoquons l'expérience pour attester que la condition actuelle de nos ouvriers des campagnes, quoique inférieure à ce qu'elle pourrait et devrait être, est encore préférable à celle de la plupart des ouvriers des villes.

L'ouvrier des villes avoue sans peine que ses occupations sont beaucoup plus pénibles que celles de nos ouvriers : il lui est souvent impossible de trouver le temps nécessaire pour remplir, le dimanche, ses devoirs de chrétien ; ajoutez à des occupations pressantes le mauvais air que l'on respire pendant le jour dans un atelier rempli d'odeurs infectes, et, pendant la nuit, dans une cellule malsaine et trop étroite, et vous comprendrez sans peine que, sous le rapport de la santé, la condition de l'ouvrier n'est pas aussi avantageuse dans les villes que dans les campagnes.

« Le pionnier des mines, dit M. Dupin, travaille dans les profondeurs de la terre, et ne voit le soleil que les jours fériés ; l'artisan des forges reçoit incessamment les atteintes d'un feu dévorant ; l'ouvrier des fabriques et des manufactures respire trop souvent des miasmes insalubres ; il manque quelquefois d'ouvrage, et voit ainsi diminuer ou même cesser le salaire nécessaire à la subsistance de sa famille !...

« Les agriculteurs, au contraire, ne manquent jamais d'occupation ; et la terre est trop juste pour laisser ceux qui la cultivent sans aliments.

« La plus grande satisfaction du laboureur est de travailler en plein air. Il y a bien çà et là quelques mauvais jours : la pluie, le vent, le chaud, le froid l'épouvantent tour à tour; mais il s'y fait, et son tempérament, ainsi éprouvé, n'en devient que plus robuste. D'ailleurs, comme dit le proverbe rural : « Après la pluie, « le beau temps; » et alors quelle n'est pas la joie du laboureur! — Suivez-le de l'œil quand il trace ses sillons : n'est-il pas heureux au milieu de ses travaux, celui qui, par un beau soleil de printemps, ouvre la terre par de premiers labours avec une solide charrue attelée de bons chevaux ou précédée de magnifiques bœufs qu'il encourage par ses chants, dont les accents lentement prolongés retentissent au loin dans les airs?

« N'est-il pas heureux lorsque, le dimanche après vêpres, se promenant le long de ses héritages, il voit que ses blés *lèvent bien?* N'éprouve-t-il pas de douces sensations quand il les voit de mois en mois croître et se développer; et lorsqu'au jour d'une riche moisson, ses granges se remplissent de gerbes, si mêmes elles ne sont insuffisantes, et s'il ne se voit pas obligé d'édifier des meules qui accompagnent sa ferme comme les orgueilleuses tourelles qui flanquent le château? »

Direz-vous que le citadin peut jouir de mille agréments qui n'existent pas dans les campagnes? Je comprends ces agréments pour celui qui vit de ses rentes et passe sa journée sur les boulevards et dans les théâtres. Mais que signifient tous ces agréments et tous ces

amusements pour celui qui est obligé de rester continuellement enfermé dans un atelier pour gagner son
pain ? Non-seulement il n'est pas plus avancé, par le
fait, que l'habitant des campagnes, mais il souffre au
lieu de jouir ; tout l'étalage du luxe et des plaisirs ne
peut produire que l'ennui et la jalousie chez le malheureux qui se voit condamné à en être privé ; car il
n'a pas assez de religion pour comprendre le prix de
la résignation.

L'ouvrier des villes n'a pour lui qu'une seule
prérogative : le taux élevé des salaires : « A Paris,
dit-on, il gagne cinq francs par jour, tandis qu'il n'aurait gagné que deux francs chez lui. » Cette prérogative n'est pas aussi importante qu'elle paraît l'être
au premier abord. Si l'ouvrier de Paris gagne plus,
c'est qu'il travaille plus ; le bénéfice est pris sur sa
santé ; du reste, si le citadin gagne plus que le villageois, ne dépense-t-il pas beaucoup plus pour son logement, sa nourriture, ses vêtements, son blanchis-
sage, etc., etc. ? Les rudes fatigues qu'il supporte et
le mauvais air qu'il respire font qu'il est bien plus
sujet aux maladies ; or, il en coûte tellement dans
les villes pour se faire soigner, que dix jours de maladie suffisent pour absorber les économies que l'on
a pu faire pendant six mois. Sans doute, les hospices
ne manquent pas ; mais il est encore pénible de péti-
tionner pour entrer dans un hospice toutes les fois que

l'on éprouve une indisposition qu'on croit d'abord ne devoir durer que deux ou trois jours (1).

Ceux qui sont assez favorisés pour n'être jamais malades sont-ils beaucoup plus riches que les autres? Non, car le peu qui leur reste après avoir payé leurs fournisseurs suffit à peine pour leur donner de quoi vivre pendant les mortes saisons. Nous ferons observer ici, à ceux qui pourraient n'être pas bien renseignés, qu'ils ont tort de dire : « Si je vais à Paris, je gagnerai cinq francs par jour, ce qui fera pour l'année 365 fois cinq francs, en y comprenant le travail des dimanches. » Grave illusion, car il est très-possible que, sur les 365 jours de l'année, vous n'en ayez pas 250 qui vous rapportent cinq francs chacun. Si vous travaillez les dimanches, vous violez les règles établies par celui qui a fait vos organes ; vous ne pourrez donc pas les violer impunément, les infirmités seront votre châtiment. Nous savons du reste par expérience que l'ouvrier qui travaille le dimanche se soûle le lundi, et se rend malade pour le mardi. Voilà donc deux jours perdus par semaine. Ce qui donne 104 jours de l'année pendant lesquels on ne gagne rien et l'on dépense beaucoup. De plus, n'y

(1) Les ouvriers qui font partie des précieuses associations de secours mutuels peuvent facilement se faire soigner à domicile, mais il en est beaucoup qui n'appartiennent pas à ces associations, quoique la rétribution annuelle soit très-minime.

4.

a-t-il pas d'autres jours perdus par l'intempérie des saisons, le manque de travail et tant d'autres circonstances imprévues ? Il n'est pas de jours où Paris ne compte un très-grand nombre d'ouvriers à la grève ; évidemment ces ouvriers sans travail dépensent et ne gagnent rien.

Ce qu'il y a de plus certain, c'est qu'un assez grand nombre de ces ouvriers, malgré l'élévation de leur salaire, laissent souffrir leur femme et leurs enfants; et la plupart des célibataires, qui n'ont que leur personne à nourrir, n'en sont pasmoins réduits à mourir dans un hospice. Il est rare, au contraire, que l'ouvrier des campagnes ne fasse pas honneur à ses affaires, et même qu'il ne parvienne pas, au bout de quelques années, à recueillir quelques petites économies. A moins d'une rénovation dans les mœurs, je proclame qu'en général l'ouvrier doit préférer les campagnes aux villes, sous le rapport même de la bourse et de la santé.

Nous venons de parler d'ouvriers qui gagnent cinq francs par jour ; mais ce n'est là que le plus petit nombre : il s'agit simplement des ouvriers les plus actifs et les plus intelligents. Combien d'autres ne gagnent que trois francs, et ne sont pas même assurés d'avoir du travail tous les matins ? Un carrier de Paris, m'assurait, que pour gagner trois francs, il était obligé de travailler dans des souterrains, user beaucoup de vêtements et courir bien

des dangers. Celui-là m'avouait, comme bien d'autres,
qu'il retournerait volontiers dans son pays, s'il n'é-
tait retenu par une espèce d'amour-propre.

Vous croyez peut-être, ouvriers des campagnes,
que vos fonctions ne sont que méprisables, en comparaison de celles qui sont remplies dans les villes ?
C'est là une erreur. Sachez que, parmi vos camarades
qui ont abandonné le pays, il en est plusieurs qui remplissent des fonctions que vous vous croiriez humiliés
de remplir. En partant, il est vrai, ces compatriotes
avaient fait vœu de devenir bourgeois en peu de
temps; mais vous savez que si l'homme propose,
Dieu seul dispose : c'est parmi les déserteurs des
campagnes que Paris et les autres villes recrutent les
balayeurs de rue, les portefaix, les porteurs d'eau,
les décrotteurs, les ramoneurs, les visiteurs des conduits souterrains, etc., etc. Nous savons qu'il y a
dans ces professions, aussi bien que partout ailleurs,
des hommes nobles par leurs sentiments ; mais nous
tenons à faire observer que tous ceux qui abandonnent les campagnes ne sont pas aussi riches et aussi
heureux que l'on pourrait le croire au premier abord.

Comme nous ne voulons rien exagérer, nous avoue
rons que les ouvriers les plus intelligents peuvent.
s'ils sont économes, bien mieux réussir à Paris que
partout ailleurs ; mais le malheur est que très-souvent
ces ouvriers ne sont pas plus avancés à la fin de

l'année, que bien d'autres qui gagnent beaucoup moins. S'ils deviennent économes, c'est seulement à l'âge de quarante ou cinquante ans, une fois que la possession de quelques titres de rente leur a inspiré le goût de s'en procurer d'autres, ou qu'ils ont conçu l'idée bien arrêtée de travailler encore quelques années pour obtenir de quoi passer le reste de leurs jours dans le repos. Si nous avions un conseil à donner à ces bons ouvriers, ce serait de revenir au pays, une fois qu'ils ont acquis les ressources nécessaires pour vivre avec aisance dans les campagnes.

Tout en convenant que le succès des ouvriers d'élite ne peut guère s'obtenir ailleurs que dans les grandes villes, nous ne pouvons nous empêcher de regretter cet état de choses, vu qu'il tend, comme nous l'avons dit dans les chapitres précédents, à l'affaiblissement des sentiments moraux et religieux, et au démembrement de la famille. Nous préférerions que les bons propriétaires restassent dans les campagnes pour y dépenser leurs revenus, et qu'ils réservassent le travail le plus lucratif pour les gens du pays, au lieu de le faire exécuter dans les grandes villes : ce serait un moyen naturel et pour ainsi dire le seul moyen de conserver dans les campagnes les ouvriers adroits et intelligents dont nous parlons.

Les départements où la dépopulation des campagnes se fait le plus sentir, sont les départements où les grands propriétaires méprisent leur pays et ne s'occupent pas assez des améliorations agricoles de leurs propriétés. De ce nombre sont l'Ardèche, les Alpes, l'Aveyron, le Cantal, la Corrèze, la Creuse, l'Isère, les Landes, la Haute-Garonne, le Lot-et-Garonne, la Haute-Loire, la Lozère, la Meuse, la Moselle, le Puy-de-Dôme, les Basses-Pyrénées, le Haut et le Bas-Rhin, la Haute-Vienne et les Vosges, etc.

C'est du Cantal que sortent la plupart de ceux qui voyagent comme marchands de parapluies, de chaudrons, de glaces, de tapis, de chandeliers, d'ornements d'église, etc.

L'arrondissement de Mauriac fournit beaucoup de cordonniers et beaucoup de marchands ambulants en rouennerie et des ferrailleurs. L'arrondissement de Murat fournit de plus des repasseurs de ciseaux, des étameurs et des ramoneurs.

L'arrondissement de Saint-Flour ne fournit guère que des marchands en rouennerie, et un assez grand nombre de charbonniers et de porteurs d'eau, à Paris. Les porteurs d'eau et les chaudronniers de Paris qui ne viennent pas du Cantal, sont fournis par la Lozère et l'Aveyron.

La Corrèze fournit beaucoup de scieurs de long par l'arrondissement d'Ussel. Une partie de l'arrondissement de Tulle fournit des maçons, et l'autre partie, connue sous le nom de Xaintrie, compte à Paris et ailleurs un très-grand nombre de marchands de parapluies.

La Creuse compte un très-grand nombre de maçons et de tailleurs de pierres, qui vont presque tous se réfugier à la capitale.

Le Puy-de-Dôme fournit des marchands, des ramoneurs, des porteurs d'eau et des scieurs de long.

La Haute-Loire ne compte guère parmi ses émigrants que des marchands de dentelles et des scieurs de long.

La Haute-Vienne fournit beaucoup de maçons et de scieurs de long.

La Haute-Garonne et le Lot-et-Garonne envoient des marchands de toiles dans la plupart des contrées de la France; il y a aussi beaucoup de libraires ambulants.

C'est dans les Pyrénées que se recrutent principalement tous ces petits marchands de foulards qui tâchent de se faire passer pour Espagnols.

La Normandie fournit beaucoup de tailleurs de pierres, de marchands des quatre saisons et des marchands d'habits.

C'est du Haut et du Bas-Rhin que viennent les filles qui *descendent dans la rue,* pour me servir de l'expression reçue.

Nous ne finirions pas, si nous voulions donner l'ori.

gine de tous les déserteurs des campagnes qui sil-
lonnent la France. Nous nous contentons d'indiquer
les départements qui en fournissent le plus.

CHAPITRE VII

L'Employé.

Le maintien et la prospérité de l'ordre social exigent
que certains hommes, plus capables que d'autres,
s'appliquent à exercer des fonctions publiques. Comme
ces fonctions ne doivent guère s'exercer que dans les
villes, il faut bien que ces hommes renoncent à l'habitation des campagnes et aux avantages de la vie
agricole : leur conduite, nous l'avouons, est plus
louable que blâmable. Mais ce que l'on déplore, ce
sont les illusions par lesquelles tant de jeunes gens
des campagnes, s'imaginant être plus malheureux
qu'ils ne le sont en réalité, se croient appelés à occuper des emplois, et abandonnent ainsi le certain
pour l'incertain. Ce serait un malheur que tous les
Français ne voulussent être qu'agriculteurs, vu qu'il
faut des intelligences pour les fonctions publiques et
des bras pour l'industrie; mais le mal n'est pas moins

grand quand tous les agriculteurs veulent être négociants ou fonctionnaires, vu qu'il faut du pain à la France, et que le blé ne peut sortir de la terre sans qu'elle soit travaillée. L'ordre veut donc qu'il y ait des fonctionnaires et des agriculteurs ; si l'agriculture est en décadence, l'équilibre est rompu, la société est en souffrance, et les individus ne peuvent manquer de s'en ressentir. C'est pourquoi nous désirerions que tous ceux qui habitent les campagnes et ne sont pas nécessaires dans les villes comprissent que la position certaine qu'ils occupent est souvent préférable à celle qu'ils envient.

Les villageois qui abandonnent les campagnes pour réclamer des emplois aux villes comprennent-ils bien les embarras et les tribulations dont ils demandent à se charger ? Outre la responsabilité morale d'un emploi quelconque, à combien d'exigences, de préoccupations ne faut-il pas se plier pour contenter ses inférieurs et surtout ses supérieurs ? On peut, à chaque instant, encourir des désagréments avec les meilleures intentions du monde. Cela est encore plus vrai quand on s'écarte des règlements ; pourtant, quel est l'homme assez parfait pour ne s'en écarter jamais ? Je sais qu'il y a des emplois qui n'ont pas de contrôle de la part d'agents supérieurs ; mais alors, au lieu de compter avec des supérieurs, on compte avec le public. Or, sachez-le bien, le contrôle du public est, en général, le contrôle le plus injuste, et surtout le plus exigeant, pour ne pas dire le plus tyrannique (1).

Il n'est pas de jour qu'on ne dise aux fonctionnaires des campagnes : « Si vous étiez à Paris, vos ressources s'élèveraient à trois ou quatre mille francs. » Mais, dites-moi, quel est le plus riche des deux employés? Est-ce celui qui, recevant trois mille francs, en dépense quatre, ou celui qui, n'ayant que quinze cents francs, en réserve annuellement trois cents? Il me semble que c'est plutôt le dernier, vu qu'il sait répondre honorablement à tous les besoins de sa condition sans compromettre ses intérêts. C'est pourquoi, si j'avais de l'argent à prêter, je le prêterais avec plus de confiance à un instituteur ou à un curé de campagne, dont le traitement n'est que de neuf cents francs, qu'à un lieutenant de l'armée de Paris, qui perçoit plus de quatre mille francs par an. Ce qu'il y a de certain, c'est que les instituteurs et les curés de campagne sont moins souvent forcés de recourir à des emprunts, que les officiers dont nous parlons. Pourtant l'instituteur est presque toujours obligé de pourvoir aux besoins d'une famille entière, et le curé est toujours le premier souscripteur des

(1) On ne saurait croire combien d'ennuis et de tourments causent aux commis des magasins et aux employés des diverses administrations l'esprit de jalousie et de taquinerie de quelques-uns de leurs camarades.

bonnes œuvres de sa paroisse. Si le public était mieux fixé sur les exigences des villes, il serait moins attiré par le taux des salaires et des traitements qu'on y perçoit.

S'il y a une différence sensible entre les exigences de la capitale et celles de la province, il y en a une aussi entre les exigences du fonctionnaire et celles du simple particulier. C'est pourquoi je ne vois pas de position plus favorable à l'indépendance et à la paix du cœur, que celle de cultivateur. Pourvu qu'il soit honnête et vertueux comme doit être tout bon citoyen, l'agriculteur n'a rien à craindre de personne ; l'heure de son lever, de son coucher, de ses repas, etc., ne regarde que lui : c'est pourquoi il se trouve débarrassé de mille préoccupations et anxiétés qui ne contribuent pas peu à altérer la santé et à abréger la vie. Comme l'homme est créé pour respirer un air pur et se donner du mouvement, et non pour rester cloué sur un fauteuil dans une étroite cellule, la nature même des occupations auxquelles se livre l'habitant des campagnes ne sert pas peu à fortifier son tempérament et à le préserver, pour le temps de sa vieillesse, de bien des infirmités. Le paysan se connaît donc mal quand il se croit plus malheureux que son notaire et son médecin ; il est au contraire bien plus heureux, toutes les fois que son travail lui permet de vivre avec aisance dans sa condition.

Ah ! si le paysan qui peut suffire aux besoins de sa famille en travaillant le peu de bien que son père lui a laissé, pouvait lire dans le fond des cœurs comme Dieu y lit, il y apprendrait une chose dont il est loin de se douter : il apprendrait qu'un très-grand nombre de ceux qui portent l'habit de bourgeois envient son sort. Je ne parle pas seulement de ceux qui sont réduits à battre le pavé des rues après avoir reçu une assez forte somme d'instruction, je parle aussi de tous ceux qui sont obligés, par position, de vivre comme bourgeois sans en avoir les revenus.

Je conviens que le paysan travaille assez durement dans certaines saisons de l'année ; mais ce travail, qui paraît si pénible à ceux qui n'y sont pas habitués dès le bas âge, n'est presque rien pour l'habitant des campagnes. Malgré son peu de soin et de prudence pour sa santé, le paysan est bien plus fort et vigoureux que le bureaucrate, qui ne voit jamais la sueur ruisseler sur son visage ; de plus, le paysan est heureux et satisfait quand il a conduit ses enfants à l'âge où ils peuvent travailler : à sept ou huit ans, ses enfants peuvent gagner leur pain. Les embarras et la sollicitude du petit bourgeois sont loin de finir si tôt : c'est précisément à sept ou huit ans que son enfant commence à lui coûter beaucoup d'argent. Depuis cet âge jusqu'à ce qu'il puisse obtenir le diplôme de bachelier, cet enfant sera obligé de passer au moins dix ans dans les colléges. Après ce laps de temps, cette somme de dépenses, sera-t-il reçu bachelier ? On n'en sait rien ; il y en a beaucoup qui ne le sont pas. Une fois bachelier, tout n'est pas fini, car le diplôme ne donne pas de pain. Quelle carrière embrasser ? C'est là un nouvel embarras ; ici encore il faut d'autres années et d'autres dépenses. Que faire, si l'on a trois ou quatre enfants ? Que devenir, si les enfants meurent ou tournent mal après que l'on a tout sacrifié pour leur préparer une carrière ? Heureux mille fois le paysan débarrassé de toutes ces anxiétés !

Un bon et riche paysan me disait un jour : « J'ai cinq enfants ; tous ceux que j'ai habitués à travailler les champs comme moi ne m'ont presque jamais donné d'inquiétude ; non-seulement je les ai toujours eus auprès de moi pour leur donner de bons conseils et les soigner quand ils ont été malades, mais ils conservent encore pour leur père tout le respect qui lui est dû. Il n'en est pas de même du cinquième, pour l'éducation duquel j'ai dépensé beaucoup ; je me suis imposé des privations pour mieux pourvoir aux besoins de son instruction, et pourtant il est le plus rebelle à mes avis. Il me regarde comme un ignorant, et quelquefois comme un radoteur ; ce qu'il y a de certain, c'est qu'il rougit d'avoir pour père un paysan habillé de bure. Malgré tous ces inconvé-

nients, je serais encore assez heureux si mes sacrifices avaient pu faire son bonheur. Point du tout,
il est le plus malheureux de ses frères; car les revenus du poste qu'il occupe n'empêchent pas qu'il
ne soit toujours dans la détresse : ses besoins se sont
encore plus élargis que ses ressources. »

Je connais les détails du fait que me racontait ce
bon propriétaire, et je puis assurer que de pareils
résultats sont assez communs. Que de fois les pères
de famille, comprenant mal les vrais intérêts de leurs
enfants, occasionnent leur malheur! N'est-ce rien, en
effet, que de se séparer de son enfant au lieu de l'avoir
toujours auprès de soi, comme la plupart de nos
propriétaires, de nos fermiers et de nos colons? Le
malheur serait moins grand si cette séparation pouvait assurer le bien-être des enfants ; mais il est bien
rare qu'il en soit ainsi. J'ai eu occasion de voir, à
Paris et ailleurs, bien des commis, des clercs de bureau, etc., mais je puis assurer, en toute vérité, que
je n'en ai pas trouvé un seul qui ne se plaigne des
inconvénients de pareilles places. Que n'aurions-nous
pas à dire de ceux qui ont perdu leur emploi, ou
battent le pavé des rues sans pouvoir en trouver?
les places n'étant pas assez abondantes pour suffire
à tous ceux qui en demandent, la plupart de ceux
qui ont abandonné la position de leur père pour
courir après elles se trouvent sans ressources ; ces

hommes ne gagnent pas d'argent, pourtant ils en ont dépensé et ont appris à en dépenser. — Un état si triste les porte souvent à maudire la société; il aurait donc bien mieux valu, pour le bonheur de ce jeune homme et de toute sa famille, qu'il n'eût jamais appris à mépriser les travaux des champs. Son père avait vécu en paix, il était parvenu à conserver son patrimoine tout en nourrissant plusieurs enfants : rien n'empêchait que son successeur en fît autant et même plus encore. On ne saurait croire combien est grand le nombre des jeunes gens qui se trouvent dans la misère et le désespoir, pour avoir méprisé la profession de leur père et avoir voulu fréquenter les colléges!

« Autrefois, dit monseigneur Angebault, les labou- reurs, cette noblesse rurale d'une paroisse, savaient priser leur position et n'auraient pas voulu l'échanger pour une profession industrielle. Ils étaient, pour les travaux de la ferme, tributaires de l'ouvrier du bourg ou de la petite ville, mais ils mesuraient la distance qui les séparait, et le vieux père n'aurait point consenti à ce que son fils allât chercher une alliance hors de ces antiques familles qui faisaient l'honneur du vil- lage : ainsi le patriarche Abraham recommandait-il à Éliézer, son serviteur, de ne pas prendre pour son fils une épouse parmi les filles de Chanaan. Que ces usages des temps pas s soient regardés comme de vieux préjugés ; que ces costumes qui distinguaient les rangs et les familles soient tombés devant les modes nouvelles introduites jusque dans nos campagnes ; que même, pour les fêtes du village, les airs champêtres et rustiques soient remplacés par la mélodie des salons, cela peut être ; mais ces usages d'un autre âge, ces coutumes que l'on tourne en ridicule étaient des barrières respectables et la sauvegarde de la simplicité et de l'innocence. Qu'est-il arrivé ? les digues ont été rompues, et le torrent s'est débordé, emportant la piété filiale, la docilité des serviteurs, la candeur de la vieille foi : tout a disparu dans le naufrage. L'homme des champs veut devenir l'homme des villes, le fils du laboureur veut devenir l'ouvrier de l'atelier, l'enfant de l'école veut devenir le commis du bureau et peut-être le fonctionnaire du pouvoir ; il échange le soc de la charrue paternelle pour le levier de l'industriel, la veste du village pour l'habit du bourgeois. Pauvre jeune homme ! travaillé par l'ambition, il jette avec dédain un dernier regard sur la modeste demeure qui l'a vu naître ; il dit adieu à l'if séculaire qui s'élève au milieu du cimetière protégeant la tombe de ses aïeux ; il donne un dernier baiser à sa mère qui pleure, à sa sœur à qui il fait des promesses, puis il s'éloigne, se forgeant un monde d'illusions, un fantôme de bonheur, et il arrive au milieu de ses nouveaux compagnons. Là bientôt il entendra d'autres leçons, il recevra d'autres exemples : il dissipera en folies, en orgies peut-être, la modique somme que sa bonne mère, au départ, lui avait remise pour d'autres usages. Bientôt encore il aura oublié les leçons du curé qui l'avait baptisé ; l'église ne sera plus fréquentée ; le jour du dimanche et celui même qui le suit seront tristement profanés ; à la modestie de son adolescence succéderont des propos inconvenants, des chansons déshonnêtes et une tenue arrogante. Comme le prodigue, il a fait du chemin et il est arrivé dans une contrée éloignée : *In regionem longinquam.*

« Tout a disparu avec ses premières habitudes ; son respect pour ses vieux parents, qu'il a perdus de vue et auxquels il n'écrit même pas ; ses pratiques religieuses qu'il a mises en oubli ; ses principes d'ordre et d'économie qui lui auraient préparé un avenir et un sort plus doux ; sa santé même s'altère dans les rues tortueuses, dans un atelier malsain, dans une chambre privée d'air ; il n'a plus le soleil du village, l'air pur du coteau ou la fraîcheur du vallon, et trop souvent il est réduit à chercher à l'hôpital un remède à des tortures accablantes ou à des excès de désordre !

« Voilà, bons habitants des campagnes, ce que nous avons tous les jours sous les yeux ; voilà les écueils que nous devons vous signaler, les dangers contre lesquels nous devons vous prémunir. Nous vous le répétons donc : demeurez dans vos paroisses, ne vous laissez point égarer par les rêves de l'ambition, ne cherchez point à sortir de la condition modeste que votre père honora par ses vertus. La vie des champs est certainement la plus douce, comme elle est aussi la plus favorable à l'innocence et à la foi. Lorsque Dieu créa le premier homme, il le plaça dans *un lieu de délices,* dans le paradis terrestre, en le chargeant de le cultiver : *Ut operaretur.* »

Faut-il pour cela éloigner les vocations de l'exercice des fonctions publiques? Non, mille fois non. Nous admirons et nous remercions au contraire tous ceux qui veulent bien sacrifier à la patrie leurs talents et leurs forces, mais nous tenons à éclairer les jeunes gens sur le véritable état des choses. Les idées que l'on se fait des carrières industrielles, commerciales et administratives, font que ces carrières sont encombrées, pendant que la pénurie d'intelligences et de bras pour les travaux agricoles va toujours croissant. Quand il y a une place vacante, plus de cent jeunes gens se présentent pour l'occuper; il est évident que la position des quatre-vingt-dix-neuf qui sont déçus dans leurs espérances est une position d'autant plus fâcheuse, que ces jeunes gens s'étaient évertués à s'inspirer du dégoût pour tout ce qui tient à l'agriculture. Nous voudrions que tant de belles intelligences et de fortes constitutions, qui de la sorte se rendent inutiles à leur pays, sussent apprécier et aimer une des sciences les plus nobles, un des arts les plus utiles à la prospérité publique. Ne fuyons pas les places et l'industrie des villes, parce que ces institutions sont nécessaires à la patrie; mais ne fuyons pas non plus les travaux agricoles, parce qu'ils ne sont pas moins utiles et moins importants ; surtout ne nous laissons pas éblouir par les apparences extérieures ; soyons bien persuadés que le bonheur se trouve souvent là où nous le cherchons le moins. *Tout ce qui reluit n'est pas or ;* tel employé dont vous admirez l'habit fin et les bottes vernies, est en réalité moins heureux que le plus modeste des propriétaires de nos campagnes. Il est rare que ce propriétaire n'ait pas devant lui quelque peu d'argent pour les besoins imprévus, tandis que l'employé, forcé par son patron, ses supérieurs et le public à prendre une mise élégante, se voit assez souvent condamné à réduire son ordinaire par suite des saisies que font sur ses appointements le tailleur et le bottier.

Je connais un jeune médecin plein de talents et de bonne volonté, qui, malgré cela, n'a pu encore trouver un parti sortable. Sans doute, les jeunes filles ne manquent pas; mais pour tenir le rang que doit tenir dans la société la femme d'un médecin, il lui faut plus que des bonnes grâces. D'un autre côté, les parents des jeunes personnes qui ont une dot convenable sont passablement froids à l'égard des jeunes gens qui n'ont rien ; celui-ci est du nombre, vu qu'il a dépensé plus qu'il n'avait pour obtenir le droit d'user de la lancette. Les embarras d'une telle position sont si pénibles, que ce jeune médecin m'avouait confidentiellement, il n'y a pas encore quinze jours, qu'il aurait préféré mille fois que ses parents ne l'eussent jamais sorti de sa condition ordinaire ; il ajoutait qu'aujourd'hui son amour - propre était si vivement froissé, qu'il se serait déjà fait sauter la cervelle s'il n'avait été retenu par les sentiments religieux.

Croyez que parmi les gens en place, il en est un assez grand nombre que nous pourrions ranger dans la catégorie de ce jeune médecin : beaucoup seraient plus riches et plus heureux s'ils cultivaient la propriété qu'ils auraient pu acheter au moyen des dépenses faites pour obtenir leur titre de médecin ou d'avocat, etc. Ces dépenses sont considérables si l'on tient compte des divers frais d'installation, et, surtout, de l'argent que l'on aurait pu gagner pendant le temps que l'on a passé dans les écoles. De nos jours, les étudiants dépensent deux fois plus qu'il y a vingt ans, pour obtenir leur diplôme. Cela tient en grande partie à l'augmentation des denrées ; mais la cause principale est que les jeunes gens veulent par-dessus tout se créer des amusements de toute sorte. Ils font à Paris ce qu'ils n'oseraient jamais se permettre au sein de leur famille.

CHAPITRE VIII

Le Rentier.

Il ne s'agit pas ici des villageois qui abandonnent leur pays pour aller à la recherche des richesses ou des honneurs, mais bien de ceux qui vont réclamer uniquement aux grandes cités les agréments et les plaisirs : ces derniers sont évidemment les plus coupables. Les riches que nous condamnons ne sont point, remarquez-le bien, ceux qui, tout en conservant leur domicile dans les campagnes, vont passer dans les villes quelques mois de l'hiver. Sans doute, les bons propriétaires qui savent se plaire, utiliser leur temps en toute saison, et trouver ainsi le moyen de dépenser leurs ressources dans le pays, ont bien plus de droit à notre admiration et à notre reconnaissance que les autres, mais il faut convenir que c'est là une perfection plutôt qu'une obligation. Nous n'avons aucun droit de blâmer ceux qui, tout en passant quelques mois dans les villes, se font un devoir de rentrer chez eux, lorsque la campagne est sur le point de reprendre ses charmes naturels.

Les plus ingrats envers les campagnes qui les ont nourris, ce sont les riches propriétaires qui s'empressent de se dépouiller comme d'un embarras du patrimoine possédé depuis des siècles par leurs ancêtres, et cela pour faire des placements financiers et jouir plus commodément de la vie dans les villes. Aujourd'hui plus que jamais, en parcourant les campagnes, nous trouvons partout des châteaux en ruine et des maisons bourgeoises occupées par d'autres que par les représentants naturels des anciens propriétaires. Ceux qui ont eu trop de pudeur pour vendre l'habitation de leurs pères, laissent leur bien au seul soin des fermiers ou métayers, et ne se souviennent de leur propriété que lorsqu'il faut réclamer le prix des fermes. Si l'on fait des questions aux gens du pays sur le domicile des propriétaires anciens ou absents, la réponse est toujours la même : « Après la mort du père, le fils ou le gendre s'est retiré dans *telle* ville. »

Il ne serait pas difficile de prouver que ces hommes se trompent grossièrement en s'imaginant que le vrai bonheur ne peut se trouver que dans les villes. Pour ce qui est du bourgeois dont les revenus annuels ne sont que de cinq à dix mille francs, il est certain qu'avec des revenus de ce genre, le bourgeois de nos campagnes peut vivre avec aisance, et je dirai presque, mener assez grand train. S'il est intelligent et bienveillant, ce propriétaire exerce une influence énorme sur la conduite et les déterminations des gens de sa commune et même des communes voisines. Qu'on ne me dise pas que cette influence n'est rien pour celui qui l'exerce ; je répondrai que tous les hommes sont nés avec le désir d'être quelque chose dans leur pays ; à moins d'être original, c'est-à-dire à moins de faire exception parmi les autres, on aime à donner des conseils et surtout à les voir écouter et pratiquer.

Eh bien ! que devient cette pure et douce jouissance de l'homme dans les grandes cités ? Quelle influence pourra se vanter d'exercer le rentier dont nous parlons ? Il n'en aura aucune, pas même sur les deux ou trois domestiques qui le serviront. Avec ses dix mille francs de rente, c'est à peine s'il pourra se faire connaître de ses locataires les plus voisins ; pour tous les autres, il ne sera qu'un inconnu, confondu dans la foule des bonnes et mauvaises gens. Comme il faudrait plus de la moitié de ses revenus pour obtenir une habitation aussi vaste et aussi commode que celle qu'il avait presque pour rien dans nos campagnes, il s'en tient à quelques appartements étroits ; ce qui lui restera après avoir payé son logement est à peine suffisant pour donner à toute sa famille le confortable avec ses accessoires naturels. Cette famille aimerait-elle les visites et les réunions, elle se voit forcée de s'en priver par besoin d'économie. Adieu donc aux invitations qu'elle pouvait faire à la campagne sans compromettre les intérêts de sa position ! En réalité, cette famille est devenue relativement pauvre, de riche qu'elle était dans nos pays.

Y a-t-il sur la terre, me dira-t-on, un bonheur comparable à celui que trouvent dans les grandes villes, et surtout à Paris, les opulents qui comptent des revenus, non de dix, mais de cent et deux cent mille francs? Oui, répondrons-nous sans hésitation aucune, parce que les plaisirs factices inventés par la main des hommes ne sauraient jamais égaler les agréments de toute sorte que le Créateur a tenu à placer lui-même dans les campagnes, pour reposer l'œil de l'être intelligent et réjouir son cœur. Ces beautés, ces spectacles ravissants que la nature nous dévoile et nous fait admirer dans les campagnes, ont le privilége d'exciter en nous des émotions qui ne laissent jamais de remords après elles : elles réjouissent sans attrister, elles élèvent l'âme sans trop l'exciter, elles fortifient sans affaiblir.

Que sont, en comparaison de ces délices, les soirées, les bals, les spectacles tant vantés des villes? Pour plusieurs, ces réunions d'étiquette sont plus un fardeau qu'un plaisir; il est rare qu'elles n'aient aussi pour les autres de graves inconvénients, ne serait-ce que les railleries, les médisances, les calomnies qu'elles font faire sur leur compte après leur départ : car, il faut bien le dire, le véritable esprit de charité a été banni de ces assemblées, pour ne laisser après lui que les vains simulacres de la politesse et de l'urbanité. Du reste, les bals, les théâtres, ne sont-ils pas d'eux-mêmes de vrais dangers pour la morale? Bien des millionnaires que le public croit heureux en voyant passer leurs brillants équipages, sont quelquefois plus malheureux que celui qui casse les pierres sur les routes. Si ces désagréments viennent presque toujours de l'inconduite de l'un des époux, cette inconduite n'est-elle pas elle-même le fruit des amusements dangereux des villes? Il est donc bien vrai de dire que très-souvent les riches vont chercher leur malheur dans les grandes cités.

Dans les villes, les riches dont nous parlons affectent de changer le jour en nuit et la nuit en jour; ils tiennent à se créer des émotions de plus en plus vives. Semblables à ces hommes auxquels les alcools ordinaires sont devenus insuffisants et pour lesquels il faut désormais de l'absinthe pure, ces personnes blasées après un temps sur les plaisirs ordinaires, sentent le besoin de se livrer à des excitations fébriles. Cet état de choses peut plaire un moment, mais ne peut s'obtenir impunément; par des jouissances ainsi répétées l'âme s'énerve, le tempérament s'affaiblit, on

perd la santé, sans laquelle tous les autres biens ne
sont rien; pour des plaisirs de quelques instants, on s'at-
tire des infirmités précoces, destinées à nous accabler
pendant le reste de nos jours. C'est une preuve que
Dieu n'attend pas toujours la vie future pour infliger
des châtiments à ceux qui violent les lois établies par
la création. Les résultats n'auraient pas été les mêmes
si l'on avait su s'en tenir aux joies communes et surtout aux agréments que Dieu a mis pour nous dans
les campagnes. Peut-on dire de ces personnes qu'elles
sont vertueuses ? peut-on même dire qu'elles sont
sages dans la voie du vrai bonheur d'ici-bas? Il nous
est impossible d'en convenir, puisqu'elles compromet-
tent leur santé pour le présent ou l'avenir, et que les
douleurs des infirmités précoces leur fermeront plus
tard la porte de toutes les jouissances. Sans la santé,
tous les plaisirs ne sont que fardeau; ils ne servent
qu'à exciter en nous l'ennui ou le regret.

Les jouissances factices des villes ne tendent pas
moins à l'affaiblissement de l'esprit qu'à celui du corps.
Autrefois, le nombre des aliénés n'était, en France,
que de 12,000; de nos jours, il s'élève à 60,000. Ce
triste état ne peut provenir que d'une chose : de la
trop grande multiplication des préoccupations et des
émotions, ainsi que de la corruption des mœurs. Sous
ce rapport, notre siècle a fait un progrès bien triste
et bien rapide; il est naturel qu'il en subisse les fâ-

cheuses conséquences. Eh bien! la vie des villes est, par rapport à celle des campagnes, ce qu'est notre siècle par rapport à ceux qui l'ont précédé. Ce qui le prouve, c'est que les essais que l'on a faits de guérir la folie par les occupations de la vie agricole ont déjà produit des résultats merveilleux.

Parlez-moi de cette vie des champs dans laquelle les préoccupations nuisibles sont extrêmement rares, parce que les besoins sont moins étendus, et que l'on n'est pas obligé d'entraver à chaque instant les mouvements naturels de son corps par les chaînes d'une étiquette trop compliquée. Soit pour une raison ou pour une autre, le fils le plus choyé du millionnaire de la capitale ne peut nullement se comparer, sous le rapport de la force des organes, aux enfants de nos laboureurs; les infirmités précoces ne font guère de victimes que dans les villes; les maladies chroniques sont presque inconnues dans nos campagnes.

En général, les hommes mariés recherchent fort peu les villes pour le seul désir des agréments; c'est presque toujours l'esprit d'ambition et de spéculation qui les pousse à une pareille démarche. De la femme il en est tout autrement: n'ayant pas, comme l'homme, la faculté de jouir de certains plaisirs extérieurs, tels que la pêche, la chasse, etc., la campagne lui paraît souvent pleine d'ennui. La femme qui est encore jeune veut, avant tout, plaire par les charmes de sa physionomie, de sa conversation et de sa mise. Ordinairement pleine de vanité, elle s'imagine que c'est uniquement dans les villes qu'elle peut attirer l'attention et l'admiration dont elle est si jalouse. Combien de femmes ont causé la perte de leur famille en entraînant leur mari à la capitale!

Cette femme, obligeant ainsi son mari à fixer son séjour dans une grande ville, sera-t-elle plus heureuse qu'elle n'aurait pu l'être dans son pays? Non, mille fois non. Je suppose qu'elle ait à sa propre disposition trois ou quatre mille francs par an pour se produire dans le monde; cela n'est pas grand'chose pour la mise d'une femme; c'est à peine si elle pourra annuellement se présenter dans cinq ou six soirées. Les quatre mille francs que son mari lui laisse pour sa toilette ne suffisant pas pour exciter l'admiration, il lui sera difficile d'échapper à des critiques, des railleries, et par conséquent à bien des tribulations.

Convenons que si cette femme était restée dans son pays, et qu'elle eût employé ces quatre mille francs à secourir les pauvres, à faire des heureux, elle aurait bien mieux atteint le but qu'elle se propose. Tous les habitants des communes voisines la citeraient à tout moment comme un modèle de charité, comme un ange tutélaire envoyé du ciel pour les pauvres de la localité. Sans doute, en fait de bonnes œuvres, notre main droite doit ignorer ce que fait notre main gauche, afin que nos actes ne soient connus et récompensés que de Dieu seul; mais puisqu'il s'agit ici de la femme qui sent le besoin de faire parler d'elle et de se faire admirer, il vaut mille fois mieux, dans l'intérêt de la société et celui des pauvres, que cette femme cherche la gloire et les satisfactions dans les bonnes œuvres qu'elle peut faire dans son pays, que dans les dépenses qu'elle ferait dans une grande ville, en se singularisant par la forme plus ou moins nouvelle de ses vêtements.

Si les propriétaires employaient aux améliorations agricoles le quart des millions que leurs femmes dépensent en pure perte pour se faire remarquer dans les réunions, la prospérité de la France serait assurée, et pas un seul ouvrier de nos campagnes ne serait forcé de quitter son pays par le manque de travail ou l'insuffisance des salaires. D'un autre côté, si je faisais la nomenclature des familles que la vanité des femmes a précipitées dans la misère, on trouverait le tableau effrayant. Assurément, beaucoup de maisons doivent leur prospérité à l'intelligence, à l'activité et à l'ordre des femmes qui les dirigent; mais il est à remarquer que ces dernières ne sont presque jamais du nombre de celles que la vanité pousse à déserter les campagnes. La femme qui se sent capable, par sa fortune et son intelligence, de se faire remarquer entre les autres, trouve moyen d'user de la puissance que Dieu lui a donnée sans sortir de son pays. Plus perspicace que bien d'autres, elle comprend que si les villes ne donnent souvent que d'hypocrites admirateurs, il n'en est pas de même des campagnes.

Vous me répondrez peut-être que les occasions de faire le bien ne manquent pas plus dans les villes que dans les campagnes. — Cela est vrai; mais il faut convenir aussi que l'on n'y trouve pas la même satisfaction, et que l'on n'obtient pas les mêmes résultats. Les dépenses étant deux fois plus fortes dans les villes que dans les campagnes, la famille qui consacrait une somme de deux mille francs aux bonnes œuvres, finit par ne pas se trouver cinq cents francs à la fin de l'année pour cette destination. Telle famille qui donnerait beaucoup à la campagne, donne très-peu à la ville; telle autre qui donnait passablement peut à peine suffire à ses besoins. C'est donc une perte réelle pour le soulagement de la misère. aussi bien que pour la consolation de celui qui donne. Ce n'est pas tout : si les exigences du riche sont plus considérables à la ville qu'à la campagne. il en est de même de celles du pauvre. Telle somme qui pourrait nourrir, vêtir et chauffer cinq familles de notre pays, suffit à peine pour entretenir un pauvre de la capitale. Sous ce rapport, la misère perd encore des éléments de secours, et le riche qui donne fait beaucoup moins de bien (1).

Le riche des villes ne connaît pas assez l'état de chaque pauvre; s'il donne par lui-même, il peut laisser des besoins réels et favoriser par son aumône le vice et la paresse; s'il donne par intermédiaire, il n'a pas le bonheur de voir le pauvre de près et de joindre une consolation à son obole. Ajoutons encore que le pauvre des villes étant bien loin de valoir celui des campagnes, sous le rapport des sentiments du cœur, la fortune du riche fait plutôt des jaloux et des ingrats que des heureux pleins de reconnaissance.

CHAPITRE IX

Possibilité des remèdes.

C'est déjà beaucoup que d'être fixé sur la nature du mal; mais, en définitive, à quoi aboutirait cette con-

(1) Autrefois, chaque château était une véritable maison de bienfaisance pour toutes les familles ouvrières du canton; aujourd'hui, les représentants de ces maisons, devenus parisiens, se contentent de contribuer par une pièce de monnaie à une quête que l'on fait à l'église ou au bal.

naissance si l'on ne s'en servait pour chercher et appliquer, au plus vite, des remèdes utiles?

Bon nombre de personnes bien intentionnées paraissent entièrement découragées quand elles viennent à saisir toute la gravité du mal. Selon elles, il n'y a rien à faire ; le meilleur parti est de laisser marcher des tendances qu'il n'est plus possible d'arrêter ni de réformer. Fatale illusion, qui serait plus pernicieuse que le mal, si elle était partagée par tous les esprits sérieux et par tous les cœurs bien intentionnés ! Quand il s'agit de réparer les malheurs de la société, on peut dire quelquefois : *C'est bien tard !* mais jamais : *C'est trop tard !*

Pourquoi aurions-nous raison de nous écrier : *C'est trop tard !* quand il s'agit du mal de l'émigration? Je m'expliquerais cette sentence d'alarme et de désespoir, s'il s'agissait d'arrêter une locomotive ou une machine quelconque obéissant forcément à un mouvement imprimé sur elle ; mais je ne la comprendrai jamais d'un être doué d'une volonté intelligente et libre. Il n'est pas d'homme qui n'ait la responsabilité de ses actes, et qui, par conséquent, ne puisse vouloir autrement qu'il n'a voulu. Mais l'humanité n'est-elle pas entièrement composée de ces êtres intelligents et libres? Dire d'un mal qu'il est inévitable, parce qu'il est presque général, je n'aurais pu comprendre ni admettre cette conclusion dans aucun siècle, mais je le puis encore moins quand il s'agit d'un peuple comme la France, éclairé et dirigé par l'enseignement chrétien, d'un peuple né au xixe siècle, au milieu des lumières de la plus haute civilisation.

Pourquoi serait-il impossible d'arrêter l'émigration? Serait-ce parce qu'elle ne peut être jugée par les tribunaux ni punie par les prisons? Sans doute, en vertu des droits les plus sacrés de la liberté individuelle, tout homme qui n'a pas mérité la privation de ses droits de citoyen peut jouir des bienfaits de l'industrie, se transporter d'un lieu dans un autre pour son utilité ou son agrément. S'il se trouve malheureux dans le pays qui l'a vu naître, rien ne l'empêche de chercher un toit meilleur et de choisir une position différente de celle de son père.

Je comprends ce droit et je le respecte; mais ce que je ne comprends pas, c'est qu'on vienne m'affirmer d'un mal qu'il est inévitable, par cela seul qu'il ne peut être condamné ni puni. Non, cela ne peut être ainsi. Le tribunal n'est pas la seule influence capable d'agir sur les tendances sociales; disons même que cette force serait nulle si elle ne se basait sur d'autres plus puissantes. Les tribunaux n'ont de force que parce qu'ils s'appuient sur la conscience universelle, qui veut que les droits de chacun soient respectés. Que tous les tribunaux de la terre, protégés par tous les gendarmes du monde, prennent pour devise de

condamner le juste et de protéger le coupable ; et vous
verrez que leur influence ne tardera pas à s'anéantir,
en excitant des récriminations et des soulèvements !
Puisque, en réalité, la conscience universelle est tout,
c'est en elle qu'il faut avoir confiance, c'est à elle
surtout qu'il faut s'adresser dans une nation chrétienne et civilisée.

D'autres personnes, bien moins affectées que les
premières des fâcheuses conséquences de la trop
grande affluence dans les villes, tiennent à peu près
le langage suivant : « Oui, la désertion des campagnes
« est un préjudice réel pour la religion, la morale,
« aussi bien que pour la sécurité de l'ordre social;
« car il est incontestable que parmi les personnes qui
« vont se réfugier dans les grandes cités, le plus
« grand nombre abandonne les pratiques religieuses ;
« le besoin d'argent et la soif de jouir en rendent
« quelques-uns moins honnêtes ; comme aussi, c'est
« dans cette catégorie que se recrutent la plupart de
« ceux qui cherchent le trouble et forment les barri-
« cades. Toutes ces conséquences sont loin d'être
« sans importance, mais il faut convenir qu'elles sont
« de nature à exercer plus d'influence sur les admi-
« nistrateurs que sur les simples particuliers. La
« pratique des grandes vertus morales et sociales
« peut et doit être, en effet, un objet de vive préoccu-
« pation pour l'Église et pour l'État ; mais que signifie-

« t-elle pour le simple individu? Il n'a, lui, qu'une
« seule préoccupation, qu'un seul devoir, celui de
« rechercher son bien-être partout où il se trouve.
« Eh bien! quoi qu'on en dise, il y a avantage pour
« chacun de nous à abandonner les campagnes pour
« les villes. Suis-je riche? A quoi bon la fortune, si je
« ne m'en sers pour me procurer des agréments ; et
« quels agréments puis-je me procurer dans les cam-
« pagnes, où il n'est même pas possible de former
« des réunions convenables? De plus, comment y
« remuer une paille sans exciter l'attention de son
« voisin et faire parler de soi? Ai-je des talents plus
« qu'ordinaires? je n'en suis pas moins condamné
« à vivre dans l'ignorance et l'oubli; car je serai tou-
« jours privé des moyens et des encouragements qui
« poussent les intelligences à se développer. Si je me
« hasardais à sortir de l'ordre commun , je passerais
« plutôt pour un écervelé ou un ambitieux que pour
« un homme capable et studieux. Suis-je pauvre? je
« dois me résigner d'avance à rester toujours ce que
« je suis; tandis que parmi ceux qui sont allés dans
« les villes, il a été facile à un très-grand nombre d'ar-
« river à des fortunes colossales. C'est pourquoi, prê-
« cher contre la désertion des campagnes, c'est prê-
« cher contre les plus naturelles et les plus légitimes
« de nos aspirations : l'homme sent en lui le désir et
« le besoin de monter, ce qui est vrai dans notre siècle

« plus que jamais. Le condamner à rester dans les
« campagnes, c'est vouloir le condamner à étouffer
« ce noble cri de la conscience lui commandant de
« travailler pour l'augmentation de son bien-être. Du
« reste, il y a des départements, tels que la Corrèze,
« la Creuse, le Cantal, la Lozère, etc., si improductifs
« et si peu commerçants, que les habitants mourraient
« de faim si la plupart d'entre eux ne s'expatriaient. »

Répondant à ces paradoxes que j'ai cherché à exposer dans toute leur force, je dis d'abord : est-il vrai
que les simples particuliers ne doivent nullement s'intéresser à la pratique des grandes vertus sociales?
C'est là évidemment la plus subversive de toutes les
doctrines fausses. Dès le moment qu'il serait reconnu
dans un État que les prêtres seuls doivent adorer
Dieu, que les fonctionnaires seuls doivent aimer le
prince, que les soldats seuls doivent protéger le gouvernement, on pourrait dire de cet État, non-seulement qu'il est sorti de la voie de tout progrès, mais
encore qu'il ne lui reste plus que quelques jours de
triste existence. Puisque les administrateurs font vœu
de consacrer tous leurs talents, toutes leurs préoccupations et toutes leurs forces au service de la patrie,
il est bien évident que ces hommes publics doivent
s'intéresser d'une manière toute particulière à la prospérité de l'ordre social; mais s'ensuit-il de là que les
simples particuliers soient exempts de la pratique des

grandes vertus sociales et morales? Administrer un État, c'est travailler au bonheur de tous; or il serait ridicule et antinaturel que des sujets pussent être indifférents aux moyens établis pour les rendre heureux. Le citoyen qui oserait avouer que la pratique des grandes vertus morales et sociales ne l'intéresse nullement, serait un citoyen qui s'attirerait avec raison le mépris de tous ses semblables; il ne saurait échapper surtout à la réprobation des âmes honnêtes qui n'ont rien fait pour étouffer en elles le sentiment du devoir.

Vous affirmez que les riches ne peuvent trouver que l'ennui dans les campagnes. Parmi les riches, vous répondrai-je, il en est qui préfèrent les satisfactions que l'on éprouve en faisant le bien, à toutes les excitations fébriles que font naître les plaisirs factices. Évidemment le bonheur de ces nobles âmes peut se réaliser beaucoup plus facilement dans les campagnes que dans les villes. Parmi les riches, il en est qui, étant vieux ou maladifs, tiennent avant tout aux bienfaits du repos et à la pureté de l'air : à ceux là comme aux premiers, les campagnes valent encore mieux que les villes. Parmi les riches, il en est qui sont heureux de contempler les merveilles de la nature dans la structure et l'action des divers produits de la terre; à leurs yeux, il n'est pas de préoccupation plus douce ni plus intéressante que celle de diriger les travaux agricoles, de réaliser des améliorations importantes dans leur propriété, de donner de bons conseils aux villageois qui les écoutent toujours avec respect, pour ceux-là encore le séjour des campagnes est donc plus agréable que celui des villes. Il y en a, je le sais, qui n'ont que du dégoût pour tous les agréments dont nous venons de parler; ce qu'il leur faut avant tout, ce sont des soirées, des bals, des spectacles, etc. Mais il me semble que ces personnes, tout en conservant leur domicile naturel, pourraient se livrer, chaque année, à des voyages agréables et même passer quelques mois dans une ville; cette manière d'agir ne serait pas plus dispendieuse et conviendrait bien mieux à leur santé. De la sorte, les riches dont nous parlons pourraient, s'ils y tenaient, compter autant d'agréments que les citadins les plus enracinés; car il est rare que celui même qui ne sort jamais de Paris, s'astreigne à passer toutes les soirées dans les bals et les théâtres.

Les réunions convenables sont, dites-vous, impossibles dans les campagnes. Vous conviendrez sans peine que cet inconvénient ne tient nullement au pays mais bien aux funestes tendances que nous combattons. Vous tous, riches propriétaires de nos campagnes, vous laissez vos habitations désertes pour vous réfugier dans les villes, et puis vous osez faire un crime aux campagnes d'être stériles en fait de réunions! Commencez donc par donner le bon exemple; restez dans le pays de vos pères ; et vous ne tarderez pas à reconnaître que votre exemple aura produit de bons fruits. Plus vous donnerez d'animation aux campagnes en les honorant de votre présence et en y dépensant de revenus, plus il vous sera facile d'y rendre votre séjour agréable par de précieuses réunions. Par le fait, vous aurez plus de relations que vous n'en aviez à la capitale; car, il faut bien le dire, à part certaines familles extrêmement riches, toutes les autres sentent le besoin de restreindre leurs relations dans les grandes cités.

Vous redoutez le qu'en dira-t-on des petites localités? Je ne veux pas justifier cet état de choses, car il est un désagrément réel; mais je ne suis point de l'avis de ceux qui s'imaginent que tout peut se faire impunément dans le villes; ce serait même un vrai malheur qu'il en fût ainsi : il est bon que celui qui ne veut pas être sage et honnête pour l'amour de Dieu, soit quelquefois forcé de l'être par la crainte de ses semblables. Telle épouse qui reste fidèle à son mari parce que le respect humain l'oblige dans nos campagnes à fuir les occasions, ne serait peut-être qu'une femme perdue si elle pouvait tout tenter impunément. Quoi qu'il en soit, nous sommes loin de regarder les habitants des villes comme plus charitables à l'égard des faiblesses de leurs voisins. Sans doute, il y a des actes qui peuvent rester plus secrets dans les villes que partout ailleurs; mais il faut convenir aussi qu'il y en a d'autres qui sont

interprétés plus malignement et jugés plus sévèrement.
A Paris même, chaque classe a ses espions et ses critiques ; les concierges savent tout ; pourquoi les autres
ne le sauraient-ils pas ? Vous prétendez que les Parisiens ne s'occupent nullement de leurs voisins ? Eh
bien ! interrogez-les sur ce qu'il y a de plus mysté-
rieux, de plus inviolable dans les secrets de famille, et
surtout à l'endroit des personnages les plus marquants ; ils vous donneront sur la conduite intime de
chacun d'eux les détails les plus minutieux. Malheur
à celui qui prendrait au comptant des critiques aussi
sévères et aussi hasardées ! Le Parisien a toujours soin
d'ajouter : « Estimer et respecter tel haut dignitaire ?
« C'est bon pour le provincial qui n'a d'autre école
« que celle des journaux, mais c'est impossible au Pa-
« risien qui sait tout. »

Ceux que des talents extraordinaires appellent au
faîte des honneurs dans la carrière des lettres, des
sciences et des arts, sont assez souvent, je l'avoue,
forcés de rechercher le séjour des grandes cités et
principalement celui de la capitale. C'est là une nécessité vraiment regrettable ; n'est-il pas fâcheux, en
effet, que l'homme appelé par ses talents à rendre de
grands services à ses concitoyens, ne puisse obtenir
ce résultat et attendre la célébrité à laquelle il a droit
sans se voir condamné à quitter le pays qui l'a vu
naître, à s'éloigner du foyer domestique, à se séparer

des autres membres de sa famille, à changer ses
habitudes ordinaires et à briser les relations qu'il
s'est créées pour en établir de nouvelles ? Ne serait-il
pas infiniment désirable que l'estime et la considération pussent s'obtenir à des prix moindres que celui-là ?
Le premier tort revient peut-être aux campagnes,
trop portées à ravaler le mérite de ceux qui lui appartiennent; jusqu'ici nous devons dire de ceux qui
sortent de l'ordre commun : *Personne n'est prophète
dans son pays.* Nous savons pourtant que des personnes marquantes et bien intentionnées s'efforcent
de combattre sur ce point l'esprit de centralisation ;
Dieu veuille que leurs efforts soient couronnés de
succès ! afin que la province ne soit plus portée à dire :
« Tel écrivain, tel orateur, tel artiste restent en province, donc j'ai droit de conclure sans examen aucun
que leurs œuvres n'ont pas le cachet du vrai talent. »
Nous parlons ici des appréciations ordinaires, car il
n'est pas difficile aux esprits expérimentés de comprendre que si tel auteur ou tel artiste fait bien en
province, son œuvre est plutôt ici qu'à Paris la preuve
d'un vrai talent. Il est assez facile, en effet, à l'esprit
médiocre qui habite la capitale, de se donner les apparences du génie, d'obtenir pour son œuvre l'éclat et
la propagation; mais il ne peut en être de même en province et surtout dans les campagnes, où l'on se trouve
réduit à ses propres forces. Non-seulement les moyens

et les circonstances manquent pour faire valoir son œuvre, mais au lieu d'encouragements, on ne trouve partout que des difficultés; en province, le vrai talent peut seul triompher des barrières qui tendent à l'emprisonner. ·

Tant que l'esprit public restera ce qu'il est, tant que les hommes de notre pays, de notre âge et de notre connaissance n'auront pour leurs compatriotes qui sortent de l'ordre commun d'autres sentiments que ceux qu'ils éprouvent en ce moment, l'homme de talent sera forcé, pour se rendre utile à la société, de quitter son pays pour habiter une grande ville. Aussi, en condamnant la désertion des campagnes, n'entendons-nous pas poser une règle invariable et absolue. Dans tous les siècles, quelques hommes d'élite ont quitté les campagnes pour les villes ; nous ne pensons pas que la facilité et la rapidité que les communications ont obtenues de notre temps puissent rendre les changements de domicile plus rares qu'ils ne l'étaient il y a trois siècles.

Nous nous contenterons d'exprimer ici un regret, c'est que l'exception fasse la règle. Malheureusement nous sommes plus portés à exagérer qu'à diminuer la somme de nos talents; nous nous croyons tous appelés à faire des ministres, des maréchaux, des préfets, etc. ; c'est pour cela que nous voyons courir dans les villes ceux mêmes que leurs vrais intérêts devraient attacher aux campagnes. Du reste, ne croyons pas que tous les vrais talents doivent fuir les campagnes; il ne s'agit ici que du petit nombre de ceux qui aspirent à une mission spéciale dans les sciences et les arts. Bien des personnes s'imaginent que le séjour des campagnes et surtout les occupations agricoles sont incompatibles avec le talent et le savoir; c'est là une grave erreur. La place du vrai talent, et principalement de celui qui a déjà obtenu la célébrité, est plutôt dans les campagnes que partout ailleurs : c'est là qu'il jouit de cette indépendance dont il sent le besoin plus que tout autre. C'est en contemplant le ciel dans sa pureté, la terre dans les merveilles de sa fécondité, qu'il se met pour ainsi dire en communication avec Dieu, et s'élève à ces hautes idées qui sont l'apanage exclusif des grandes âmes; c'est là que son esprit peut se distraire sans s'affaiblir et même sans cesser de s'enrichir.

Si l'intelligence n'est pas absolument nécessaire pour les simples manœuvres employés à l'exécution des travaux agricoles, il n'en est pas de même du propriétaire qui en a la direction. Comment le talent et le savoir pourraient-ils être incompatibles avec les travaux des champs, puisque l'agriculture est la première et la plus importante des sciences humaines, et que Jésus-Christ lui-même s'est fait un honneur d'attribuer à Dieu son père le titre d'agriculteur : *Deus agricola est ?*

Je conviens avec vous que parmi ceux qui sont allés dans les villes comme ouvriers ou commerçants, il en est plusieurs qui sont parvenus à réaliser des sommes considérables. Mais faut-il en conclure que tous les villageois doivent se proposer de quitter les campagnes pour faire fortune ailleurs ? Rien ne serait plus absurde ni plus ridicule qu'une conclusion pareille, conclusion qui découle pourtant très naturellement de vos appréciations. — En prenant le monde tel qu'il est, nous devons dire que le nombre des riches ne peut, quoi qu'on fasse, constituer qu'une faible minorité des habitants de la terre. Croyez-vous que le nombre des riches serait plus grand sur la terre si tous les villageois, conformément à vos principes, abandonnaient les campagnes pour les villes ? Il est évident que la somme totale de la richesse publique n'ayant pas subi d'augmentation, le nombre des millionnaires ne pourrait pas augmenter, et la société y aurait perdu considérablement, vu que l'agriculture est la seule source d'accroissement de la richesse publique.

Oui, assurément, il est permis à l'homme de désirer et de chercher son progrès dans le bien-être par la fortune; rien de mieux que de pourvoir d'avance aux besoins de sa vieillesse, rien de mieux que de préparer un bel avenir à ses enfants; mais n'oublions jamais que la marche vers la fortune a des chemins réguliers aussi bien que toute autre espèce de progrès. Se jeter à corps perdu dans cette voie, sans tenir compte des règles ordinaires, c'est s'exposer à s'égarer pour toujours.

Autrefois, l'homme le plus ambitieux se croyait satisfait quand, après trente ou quarante ans de travail, il se trouvait en possession d'une fortune de quatre-vingt ou cent mille francs; aujourd'hui, de pareilles réalisations ne paraissent que des enfantillages à nos agents de commerce, de finance et d'industrie : ce que l'on veut, ce sont des rentes annuelles de dix, vingt, trente, quarante mille francs. Pour arriver à de si grands résultats, ce n'est plus la durée de la vie d'un homme que l'on veut employer, il ne s'agit que d'un temps très-court, tout au plus dix ou quinze ans.

Les hommes dont nous parlons ne peuvent s'en tenir aux voies ordinaires; il leur faut des spéculations et des entreprises hardies. Ce n'est donc plus ici une marche régulière vers la fortune, ce sont de vrais jeux dans lesquels on s'expose à tout perdre comme à gagner beaucoup. Il en est des jeux de bourse et d'autres spéculations comme des jeux de pur hasard, on perd et on gagne; quelques familles ont eu la chance de réussir dans leurs tentatives, mais il faut convenir qu'il y en a dix fois plus qui n'y ont trouvé que la misère et quelquefois l'ignominie. Combien de familles, parmi ces tristes victimes, qui sans être riches, vivaient paisiblement et honorablement dans une modeste aisance? En présence de pareilles chances, que conseilleriez-vous à une famille honorable à laquelle vous porteriez un intérêt sincère? Vous lui conseilleriez de ne pas compromettre le certain pour l'incertain. Eh bien, ce que vous conseilleriez à cette famille aimée, nous le conseillons à toutes les familles, en les conjurant de ne pas quitter leur pays pour le seul motif d'espérances aussi éloignées. J'en connais plusieurs qui seraient bien aises aujourd'hui d'avoir écouté de pareils conseils; en les suivant elles auraient conservé leur modeste aisance et n'auraient pas à supporter, outre la détresse, cette espèce de déshonneur que fait retomber sur nous la banqueroute la moins coupable. Voulons-nous dire pour cela que le bien-être des villageois soit au niveau de ce qu'il doit être? Bien loin de là, comme nous le ferons observer plus loin; mais nous tenons à proclamer ici que la condition essentielle de l'accroissement de ce bien-être, c'est que les propriétaires restent dans leur pays et ne portent point leurs ressources ailleurs. Plus ces propriétaires laisseront d'argent chez nous par leurs dépenses personnelles et les améliorations qu'ils réaliseront sur leurs propriétés, moins les bons ouvriers sentiront le désir et le besoin de se réfugier dans les villes; de cette manière, la population des campagnes augmentant considérablement, la même progression se fera sentir dans la consommation. Il est inutile d'ajouter que les fabricants et les commerçants des communes rurales ne seront pas les seuls des campagnes à ressentir les bons effets de cette salutaire transformation.

— Mais, ajoutez-vous, plusieurs départements sont tellement pauvres qu'il leur serait absolument impossible de nourrir leurs habitants, si la plupart d'entre eux ne s'éloignaient? — Je répondrai que ces départements ne passent pour pauvres que parce qu'ils comptent beaucoup d'émigrants, et que la culture y est grandement en retard; cela n'empêche pas que plusieurs ne soient destinés à devenir plus tard très-riches par les améliorations agricoles. Une fois que les propriétaires seront assez amis du bien général et même de leurs intérêts privés pour augmenter la production en donnant plus de travail, et que les ouvriers auront compris qu'il vaut autant rester chez soi que d'aller chercher fortune ailleurs, alors, mais alors seulement, on reconnaîtra que ces pays ne méritent pas les reproches qui leur sont adressés journellement par ceux qui ne les connaissent que très-superficiellement.

Ces pays, dit-on, ne seront jamais des pays de grand commerce? — Pourquoi pas, une fois qu'ils

seront sillonnés par des routes et des chemins de fer?
Ce qui fait marcher le commerce dans un pays, c'est
la richesse de ceux qui l'habitent. Eh bien! je suis
persuadé que ce sont précisément les pays que l'on a
méprisés jusqu'ici qui sont appelés à une grande richesse; les autres ne peuvent que décliner. Tant que
Paris et les grandes villes n'ont pu s'approvisionner
que dans les départements limitrophes, ces départements ont eu le monopole des bénéfices; c'est là seulement que le propriétaire pouvait fructueusement
tenter des améliorations. Mais le temps va venir, s'il
n'est pas venu déjà, où ces départements perdront
leur monopole; les autres départements voyant écou-
ler leurs produits dans de meilleures conditions,
feront beaucoup plus d'améliorations qu'ils n'en ont
fait et les ouvriers ne seront plus obligés d'aller
chercher du travail hors de leur pays. Les revenus
agricoles devenant, par la facilité de l'écoulement des
produits, deux ou trois fois plus considérables, il en
sera de même de la valeur de la propriété, qui dou-
blera et triplera dans ces départements. Le progrès
qui s'opère chaque jour dans la facilité des communications tend lui-même à porter des remèdes contre
l'émigration.

Je pourrais passer en revue les départements qui
passent pour très-mal partagés par la nature, pour
montrer que ces pays sont plus capables que bien

d'autres d'un précieux développement sous le rapport de l'agriculture, fondement de la richesse publique. Ainsi, parmi ceux qui n'ont jamais habité le Limou-sin ou qui ne l'ont vu que par les vasistas d'une di-ligence, en est-il un seul qui ne le regarde comme un pays condamné à faire mourir de faim les trois quarts de ses habitants? Pourtant, tous les connais-seurs qui ont étudié de près cette contrée restent con-vaincus qu'elle peut devenir une des provinces les plus productives de France. Le Limousin possède de très-bonnes prairies, vu que les ruisseaux y coulent en abondance, et que la position des terrains permet de conduire les eaux très-loin. Parmi les nombreux pâ-turages qui ne produisent presque rien, il en est beau-coup qui, par le moyen du drainage ou de simples irrigations bien dirigées, pourraient se changer en prai-ries très-productives. Outre ses nombreuses prairies naturelles, dont la plupart sont de première qualité, le Limousin compte de nombreuses vignes; il produit du froment, du seigle, de l'avoine, du sarrasin, du maïs, des pommes de terre, des châtaignes, des fruits en abondance, etc. ; en un mot, il récolte un peu de tout. Si quelques voyageurs jugent si mal le Limou-sin, c'est que ne l'ayant vu que superficiellement ils ont été frappés de l'accident de certains terrains, de la négligence de la culture, ainsi que de la quantité des pays qui y sont encore couverts de bruyères.

On a donc tort de croire que les Limousins sont obligés d'émigrer pour vivre : ces habitants pourraient facilement se passer du pain des villes; s'ils émigrent en abondance, c'est qu'obéissant à une vaine illusion, ils s'imaginent trouver le paradis terrestre dans les grandes villes. Une fois que ce pays sera sillonné par des chemins de fer, et que les revenus agricoles seront par cela même plus considérables, les améliorations que l'on opérera de toute part sur la propriété seront plus que suffisantes pour occuper et nourrir tous les habitants. Dès lors, on ne pourra plus nous dire que dans des pays comme celui-ci l'émigration est un mal inévitable.

— Mais, objectera-t-on encore, il y a des départements bien plus mal partagés que ceux dont vous parlez; il en est où l'intempérie des saisons est telle que pendant l'hiver, qui y dure six mois, nul travail agricole n'est possible, autre que celui de soigner les bestiaux; faut-il donc condamner les habitants de ces pays à rester oisifs pendant plus de six mois? Ce serait là une grande perte pour les familles et la société? — Dans les quelques pays où les bras sont nécessaires pendant l'été et inutiles pendant l'hiver, les habitants, vous répondrai-je, se livrent à des émigrations purement transitoires. Ainsi, tous les villageois jeunes et vigoureux de l'arrondissement d'Ussel vont, comme scieurs de long, passer l'hiver dans les départe-

ments du Lot-et-Garonne et des Landes, et reviennent
ensuite pour aider à travailler leur propriété ou celle
de leur père. Le peu d'argent qu'ils ont gagné pendant la mauvaise saison ne sert pas peu à les mettre
dans l'aisance et à leur faciliter quelques améliorations agricoles. Dans ce cas, c'est moins une désertion
qu'un simple voyage, vu que la famille conserve son
domicile et sa propriété ; il en est de cette émigration
transitoire comme des quelques années que le fils de
famille passe sous les drapeaux.

Comme les émigrations transitoires entraînent de
graves inconvénients, on pourrait y remédier en établissant dans ces pays une manufacture industrielle,
qui pourrait chômer ou travailler très-peu pendant
l'été, et occuper les ouvriers pendant l'hiver. Jusqu'ici,
on s'est fait presque une obligation d'établir les manufactures dans les villes ; c'est là un tort grave sous
bien des rapports : il vaudrait mieux que les manufactures se rapprochassent des ouvriers, que d'obliger
les ouvriers à quitter leur pays pour aller chercher
les manufactures dans les grandes villes. Cela est d'autant plus vrai qu'il en est de toutes les manufactures
comme de l'imprimerie : le prix de revient est moins
élevé en province qu'à la capitale. Il serait bon que ce
fussent des manufactures qui permissent assez fréquemment de faire l'ouvrage à domicile ; « car, dit
« M. Jules Simon, partout où la vapeur et les forces

« hydrauliques ont laissé subsister le tissage à bras, il
« est une source de bien-être pour les populations. Il
« a le double avantage d'être un métier à la maison et
« un métier à la campagne. En général, les paysans
« sont à leur aise dans le voisinage des grands centres
« industriels. Si l'industrie subit un chômage, ils re-
« tournent aux champs; si le labourage donne un
« temps de repos, ils l'utilisent avec le métier. Tout le
« monde dans la famille trouve à s'occuper fructueuse-
« ment : le père est tisserand, les enfants dévident, la
« mère prépare l'ouvrage, le dispose sur le métier. »

Avouons que notre siècle a réalisé des transformations plus difficiles et plus dispendieuses, et pourtant
moins précieuses en bons résultats que celles dont
nous parlons.

CHAPITRE X

Instruction primaire et bibliothèques communales.

De tous côtés on entend dire que la principale
source de la désertion des campagnes ne peut être
cherchée ailleurs que dans les efforts qu'ont faits les
gouvernements modernes, et principalement le gouvernement actuel, pour propager l'instruction dans

toutes les communes et dans toutes les conditions.
Ce qu'il y a de plus étonnant, c'est que ce langage
est tenu sincèrement par des esprits sérieux et surtout
par quelques hommes très-haut placés dans la hiérarchie ecclésiastique. S'il en était ainsi, les campagnes ne pourraient plus compter sur l'espérance de
voir s'affaiblir, un jour, les tendances qui les
font abandonner; car, plus nous irons, plus l'instruction se répandra dans les diverses classes de la
société.

La propagation de l'instruction aurait-elle pour
effet indirect celui de pousser bien des personnes
dans les villes, que ce ne serait pas pour cela un motif
de l'arrêter. La religion est le don divin par excellence; pourtant, à combien d'abus, à combien
malheurs n'a-t-elle pas donné lieu d'une manière ou
de l'autre? Rien de plus sublime et de plus précieux
que le but de l'enseignement : il s'adresse à l'intelligence, la partie la plus noble de l'homme, pour la
nourrir, la développer et augmenter ainsi son savoir
et sa puissance. Quoique l'instruction du villageois ne
s'étende pas bien loin, elle ne lui est pas moins
très-utile dans les actes les plus pratiques de la vie :
le cultivateur qui sait lire et écrire peut se tenir au
courant des bons procédés en fait d'agriculture; il lui
est facile de se rendre compte de ses recettes et de
ses dépenses; il trouve moyen d'éviter les hono-

raires que donne chaque année à un notaire celui
qui est incapable de faire un billet ou une simple
quittance sous seing privé. N'est-ce rien, du reste,
que de n'être pas obligé d'aller à la requête d'un
étranger toutes les fois que l'on adresse ou que l'on
reçoit une lettre, surtout quand il s'agit des secrets
les plus intimes des familles?

« J'ai entendu quelquefois de bons esprits, dit
« M. Rouher, s'inquiéter du développement de l'in-
« struction primaire ; cette question est aujourd'hui
« irrévocablement jugée, et il y a au moins inutilité à la
« poser de nouveau. Je ne nie pas que l'instruction
« n'éveille chez le peuple des sentiments impétueux
« et des élans irréfléchis qui amènent des transitions
« difficiles et des secousses momentanées ; mais les
« intérêts et les droits se contiennent bientôt mutuel-
« lement, les règles du devoir ne tardent pas à se dé-
« gager et à devenir lumineuses pour chacun, surtout
« si l'instruction primaire vient se maintenir dans
« l'atmosphère d'une éducation religieuse, simple et
« vraie. Les ombres de l'intelligence sont, au con-
« traire, un reproche légitime et un péril permanent
« pour une société civilisée. »

Nous sommes convaincus que la propagation de
l'instruction est plutôt un élément de prospérité que
de ruine pour les campagnes, même au point de vue
de la désertion du foyer domestique. Le préjugé que

nous venons de signaler de la part de quelques esprits sérieux a sa raison d'être dans un fait incontestable : jusqu'ici la plupart des villageois sachant lire et écrire se sont regardés comme de véritables docteurs, en comparaison de leurs compatriotes qui n'avaient pas fréquenté l'école de l'instituteur; tout naturellement, ils se sont crus en droit de mépriser les travaux des champs, qui ne sont bons à leurs yeux que pour ceux qui sont incapables de faire autre chose; ils se sont regardés comme des hommes privilégiés, appelés à porter l'habit bourgeois et à remplir dans une grande ville un emploi de commis, de secrétaire, etc., etc.

Ce fait regrettable ne peut être contesté, disons-nous, mais prouve-t-il que la propagation de l'instruction soit la véritable cause de la désertion des campagnes ? Nullement, c'est même tout le contraire. D'où vient en effet que, sur cinquante jeunes gens d'un village, les vingt qui ont fréquenté l'école sont tentés d'aller réclamer des emplois aux villes? Cela vient de ce que ces vingt jeunes gens sont dans la localité une véritable exception privilégiée; leur état d'exception est la raison même de la tentation qu'ils éprouvent : la tentation disparaîtrait avec l'exception, si les cinquante jeunes gens de la localité avaient tous fréquenté l'école. Tous ceux qui travailleraient la terre sachant lire et écrire, on ne pourrait plus dire : « J'ai fréquenté l'école, donc je ne puis plus labourer

« mes champs, et dois aller dans une ville pour y
« exercer un emploi. »

Il est certain que la propagation de l'instruction
est plutôt un remède qu'un danger : ce qui le prouve,
c'est que les provinces dans lesquelles les campagnes
sont le plus abandonnées sont celles même où l'instruction est le plus en retard ; ce qu'il y a surtout
de frappant, c'est que le progrès agricole n'est presque
rien là où l'instruction est négligée. Faisons donc des
vœux pour que les départements arriérés atteignent
le niveau des autres ; engageons fortement les parents
à ne pas priver leurs enfants d'une richesse qu'ils
peuvent acquérir si facilement ; car plus tard les enfants leur sauront mauvais gré de ne pas les avoir en-
voyés à l'école. Nul prétexte ne peut excuser l'indifférence des parents à cet égard, vu que les familles
pauvres obtiennent la remise de la rétribution scolaire, et que le prix de cette rétribution est une chose
bien modique pour les familles plus aisées.

Quoique les femmes des villageois aient bien moins
souvent que leurs maris l'occasion d'utiliser la capacité de savoir lire et écrire, nous applaudissons néanmoins à la bonne pensée de notre siècle de vouloir
étendre aux deux sexes les bienfaits de l'éducation.
L'instruction étant par elle-même un bien précieux,
je ne vois pas pourquoi les femmes en seraient
exclues.

La seule chose regrettable, surtout au point de vue de la désertion des campagnes, c'est que l'on ne se préoccupe pas assez des moyens d'approprier l'instruction et l'éducation à la position sociale des personnes auxquelles elles s'adressent. Sauf quelques rares exceptions, les religieuses et les institutrices qui vont dans les communes rurales ont reçu le même enseignement que les institutrices des villes, et ne savent pas en donner d'autre. Il est facile de comprendre que c'est là une habitude préjudiciable : en quoi consiste en effet la bonne éducation d'une fille? Elle consiste à lui faire connaître, à lui faire aimer les devoirs qu'elle sera tenue de remplir plus tard comme épouse et comme mère de famille. Or, les occupations journalières de la femme du cultivateur ne ressemblent en rien à celles du riche et même à celles de l'ouvrier de nos villes. La plupart des riches tiennent pardessus tout à ce que leurs filles apprennent à se poser élégamment, à causer spirituellement, à tapisser, à broder et à jouer du piano. Tout cela peut être très-bon pour ces demoiselles, mais non pour nos villageoises, appelées à remplir pendant toute leur vie les fonctions les plus grossières du ménage : non-seulement une pareille éducation n'a pour elles aucun avantage, mais elle entraîne de graves inconvénients. Nous connaissons plusieurs communes rurales dans lesquelles les jeunes filles, ne s'étant guère occupées que de tapisserie et de broderie pendant les cinq ou six ans qu'elles ont passés à l'école, ne se sont plus senties en sortant du couvent de la paroisse que du dégoût et du mépris pour les occupations agricoles. Elles ont préféré quitter leur famille et leur pays pour aller dans une ville comme couturières ou modistes, que de continuer à remplir les mêmes fonctions que leur mère et leurs sœurs. Voilà donc des filles de seize à vingt ans qui s'éloignent du foyer domestique, échappent à la vigilance de leur mère et de leurs autres parents, et se trouvent exposées à tous les dangers qu'offrent les grandes cités aux filles de cet âge. Certainement il vaudrait mieux pour elles qu'elles n'eussent jamais reçu d'instruction, que d'avoir reçu celle qui les pousse ainsi à mépriser les occupations qu'elles étaient appelées à remplir. Mais puisque l'instruction est un bien en elle-même, pourquoi, nous le répétons encore, en exclure les femmes de nos villages? L'essentiel est que les autorités locales sachent appeler les institutrices dont l'éducation est le plus en harmonie avec les usages de leurs pays. Tel savant qui fait merveille dans une ville, ne pourrait que faire du mal dans une campagne.

Ainsi, nous nous associons pleinement aux idées qu'exprimait tout récemment M. Thiac, du département de la Charente, dans la lettre suivante adressée au journal d'agriculture pratique :

« M. le ministre de l'intérieur vient d'adresser une circulaire relative à l'enseignement professionnel à introduire dans la maison centrale pour les jeunes filles détenues, de façon à permettre à celles-ci, à leur libération, de se placer comme domestiques ou filles de fermes.

« Je me suis demandé si, au lieu de circonscrire une pareille recommandation aux maisons centrales, il n'y aurait pas utilité à en étendre l'effet aux différents couvents qui ont mission de venir dans nos campagnes instruire nos jeunes filles; et je vous prie de me permettre d'appeler votre attention à ce sujet.

« Depuis quelques années, la charité privée a facilité dans beaucoup de communes rurales l'établissement de deux ou trois sœurs, dont l'une soigne les malades, et les autres donnent l'instruction, soit à des élèves payantes, soit gratuitement à des enfants pauvres.

« Leur action a été partout bienfaisante, et leur influence n'a pas été sans produire de bons fruits.

« Seulement et malgré elles, beaucoup de jeunes filles, qui auraient dû rester dans la vie des champs, s'en sont éloignées, parce que, s'étant attachées plus particulièrement aux travaux de l'aiguille et de la lingerie, elles ont préféré se porter dans les villes, où, à la place d'une situation plus lucrative qu'elles avaient espérée, elles ne rencontraient souvent que des dangers sérieux.

« Il serait donc à désirer que, sauf quelques aptitudes spéciales, et pour les jeunes filles élevées gratuitement, on se bornât à leur apprendre :

« 1° A lire, écrire, compter et le catéchisme;

« 2° A coudre, à raccommoder le gros linge et le blanchir ;

« 3° La tenue intelligente d'une basse-cour : traire les vaches, faire le beurre avec propreté, engraisser les porcs, soigner et engraisser les volailles avec économie;

« 4° Les travaux divers dont elles sont habituellement chargées dans l'exploitation d'une ferme, travaux que beaucoup font aujourd'hui machinalement et qu'elles feraient alors avec une certaine aptitude.

« Il est évident qu'une jeune fille elevée dans ces conditions, qui en feraient une véritable et bonne femme de ménage, serait recherchée comme domestique; elle pourrait dès lors prétendre à un salaire plus élevé et à plus de bien-être. Un double but serait donc atteint, et l'amélioration du sort de la jeune fille elle-même, et la conquête pour la vie rurale d'une excellente auxiliaire.

« Les moyens d'exécution ne me paraissent pas difficiles; — mais il faudrait d'abord se préoccuper de l'éducation agricole des sœurs elles-mêmes, et, dès lors, remonter aux maisons mères.

« On ne peut douter de la merveilleuse aptitude des sœurs religieuses à tout apprendre, à tout enseigner; du sentiment de profonde charité qui les guide, les anime et les éclaire.

« Ainsi, elles instruisent les sourds-muets, les aveugles; elles enseignent les sciences, les lettres, tout, enfin, et elles ne restent étrangères à rien. Comment supposer que, dans les maisons mères, où toutes les lumières, toutes les ressources se rencontrent, il ne serait pas possible de créer, comme annexes, des établissements, sur une petite échelle, où toutes les conditions agricoles pourraient être pratiquées et enseignées? — Plusieurs de ces dames sont nées dans les champs, et, chez la plupart, les instincts de la vie rurale seraient facilement réveillés. Du reste, un pareil établissement, dirigé par les sœurs de l'ordre de la Sainte-Famille, existe à la Brède, près de Bordeaux; je l'ai visité, et il pourrait au besoin servir de modèle. »

Parmi les moyens adoptés par les sœurs agricoles de la Sainte-Famille, nous nous bornerons à indiquer ceux dont tout le monde peut apprécier l'importance et l'opportunité; ce sont : 1° les fermes-écoles ou les établissements dans lesquels un certain nombre de sœurs, vivant du produit des terres qu'on leur donne ou qu'on leur afferme à des conditions charitables, dispensent aux enfants de l'endroit l'instruction religieuse et morale, tout en les exerçant aux travaux des champs, soit dans leur ferme, soit chez les propriétaires qui veulent les occuper chez eux et sous leur conduite; 2° les écoles mixtes ou celles dans lesquelles l'enseignement primaire se joint aux travaux de l'agriculture, et 3° les colonies ou orphelinats agricoles, dans lesquels elles reçoivent, comme internes et moyennant une rétribution fournie par les parents ou par la charité, les petites filles qu'on désire faire élever par les sœurs agricoles. Dans les écoles qu'elles ouvrent aux externes, si elles reçoivent les enfants des deux sexes, elles veillent à ce qu'ils soient toujours séparés, de façon à ce que les uns soient occupés en classe lorsque les autres le sont dans les champs (1).

Puisque l'on tient avec raison à ce que tous les enfants participent au bienfait de l'instruction, il serait très-naturel et très-important de leur faciliter les moyens d'utiliser le plus possible le petit savoir qu'ils ont pu acquérir à l'école. Ce résultat s'obtiendrait

(1) D'après la lettre qu'a bien voulu nous adresser M. le supérieur général de la congrégation de la Sainte-Famille, les sœurs agricoles ne réclament avec le local nécessaire, qu'une pension de 300 fr. pour chacune. Elles ne vont pas moins de trois ensemble.

sans peine par la création des bibliothèques communales.

La propagation des bons livres ne peut obtenir partout que de très-bons effets; mais, outre les motifs généraux militant en faveur de toute bibliothèque bien composée, il y a pour les bibliothèques des campagnes des raisons toutes spéciales; et nous devons ajouter que ces raisons sont de la plus haute importance pour la moralité et le bien-être des populations rurales.

Nous voyons presque tous les jours, dans les villes, des jeunes gens et des jeunes personnes se perdre totalement par la lecture des mauvais livres; mais il y a dans ces villes tellement d'occasions dangereuses, qu'on est tenté de se dire : « Il est probable que si cette personne ne s'était pas perdue de cette manière, elle se serait perdue d'une autre. » Il ne peut en être de même dans les campagnes, où les dangers sont plus éloignés et plus rares. Chose étonnante, le villageois, qui sous bien des rapports, est beaucoup moins impressionnable que le citadin, se montre tout différent en fait de lecture ! Telle aventure, telle intrigue, tels détails qui ne feraient aucune impression sur un citadin, presque toujours blasé sur les plaisirs, en fait une très-grande sur le cœur d'un cultivateur ! Du reste, le propre du villageois, c'est d'ajouter beaucoup plus d'importance que d'autres à ce qu'il lit dans les livres. Tout cela nous prouve qu'une bibliothèque de bons livres peut faire beaucoup de bien sur les habitants d'une commune rurale.

« Le mieux, disent quelques personnes, c'est de laisser les villageois sans livres ; car en en lisant de bons, ils apprennent à en lire de mauvais. » Nous répondons que l'on ne doit jamais compter sur l'ignorance pour faire le bien ; du reste, croire que les villageois ne liront rien parce qu'il n'y aura pas dans la paroisse une bibliothèque de bons livres, c'est se faire complétement illusion. Il est possible qu'on lise moins ; mais en revanche, ceux qui liront ne se nourriront que de très-mauvais livres sans recevoir le contre-poison. Tel jeune homme ou telle fille qui aime la lecture et n'a pas de livres à sa disposition, cherche à s'en procurer à bon marché ; c'est du colporteur ambulant ou du libraire de la petite ville voisine qu'il tire ses emplettes ; or de tels livres peuvent n'être pas dangereux au point de vue politique, mais il est rare qu'il en soit de même pour ce qui tient à la morale. Comme les lecteurs dont nous parlons en sont réduits aux quelques livres qu'ils ont achetés, il leur arrive assez souvent de les relire jusqu'à cinq ou six fois. Le mal n'est-il pas encore plus grand quand ces livres sont lus en famille, et prêtés à des camarades ? Si la commune tenait une bibliothèque de bons livres à la disposition des habitants, plusieurs de ceux qui achètent de mauvais livres n'en achèteraient pas; la plupart de ceux qui les empruntent ne les emprunteraient pas, et ceux mêmes qui les auraient lus pourraient trouver un contrôle et un contre-poison dans la lecture des livres de la bibliothèque communale. Voulez-vous avoir une idée des usages déplorables exercés de nos jours par la lecture des mauvais livres? Adressez-vous aux présidents des assises, et principalement à ceux qui sont assez perspicaces pour remonter à la source première des crimes qu'ils flétrissent et font condamner.

Sont-ils nombreux les cultivateurs qui ont à se plaindre de l'ennui pendant les temps de travail ? Pas un seul. Il n'en est pas de même pour les temps de loisir, c'est-à-dire les dimanches et les veillées de l'hiver. Cela se comprend jusqu'à un certain point; car dans ces moments le villageois ne peut guère chercher d'autres distractions que celles que l'on trouve au sein de la famille. Un moyen naturel de chasser les ennuis des cultivateurs et d'utiliser leur temps de repos, ce serait d'exciter en eux le goût de la lecture : ce qu'on obtiendrait par la création des bibliothèques dont nous parlons, bibliothèques qui mettraient à leur disposition des livres tout à la fois utiles et intéressants. Ce service rendu aux individus s'étendrait naturellement à la famille entière; car nous savons par expérience que les lectures se font dans les villages assez souvent à haute voix, et que tous les membres de la famille, quelquefois même les voisins, se font un plaisir de venir entendre le lecteur. De plus, parmi les pères et fils de famille qui ruinent leur bourse et alarment leur famille en passant au cabaret ou au café tous les moments de chômage, combien en est-il qui n'ont pris cette habitude que parce qu'ils ne savaient, selon leur expression, *comment tuer le temps?* Tous ces graves inconvénients seraient épargnés aux familles, si les jeunes gens prenaient l'habitude de lire de bons livres pendant les longues soirées de l'hiver et les loisirs des dimanches et fêtes.

Quand on réfléchit sur les grands avantages qu'auraient les bibliothèques pour la moralisation des populations, l'agrément des campagnes et l'intérêt des familles, et que l'on remarque l'indifférence de la plupart des autorités locales à cet égard, on ne peut s'empêcher de se livrer à la tristesse, je dirai presque l'indignation! Nous savons de bonne part que des maires n'ont pas eu honte de refuser, sous prétexe que le local leur manquait, des ballots de livres que M. le ministre avait bien voulu leur adresser gratuitement pour la bibliothèque de leur commune.

Dira-t-on qu'il est fort difficile de fonder et de maintenir une bibliothèque communale? Je répondrai que rien n'est plus facile et moins dispendieux. Avec une somme de quatre ou cinq cents francs, vous obtiendrez quatre ou cinq cents des livres qui conviennent spécialement aux bibliothèques des communes rurales ; qu'est une pareille somme pour une commune qui ne sera plus obligée de la renouveler ? Les abonnements, qu'on pourrait fixer à 2 francs par an, seront plus que suffisants pour entretenir et même pour augmenter la bibliothèque. Soit le curé, soit le vicaire, soit l'instituteur, se feraient un devoir de consacrer deux heures par semaine à la distribution et à la réception des livres. Sauf des raisons spéciales, on choisirait de préférence les deux heures qui suivent l'issue de la grand'messe des dimanches.

CHAPITRE XI

Augmenter le bien-être dans les campagnes.

Si tous les Français étaient de fervents chrétiens, on pourrait dire du gouvernement républicain, non-seulement qu'il est possible, mais encore qu'il est le meilleur de tous les gouvernements. De même, si tous les villageois étaient des cénobites, on n'aurait qu'à leur prêcher l'excellence de la résignation, et cela suffirait pour les retenir dans les campagnes. Malheureusement cela n'est pas ainsi, surtout dans notre siècle, où la soif des jouissances se fait sentir de plus en plus dans toutes les conditions et dans tous les pays. Du reste, n'appesantissons pas le joug du Seigneur : il y a des jouissances que Dieu n'a jamais défendues; et je ne vois pas pourquoi nous serions plus sévères que Dieu lui-même, en imposant aux habitants des campagnes la nécessité de se priver de tous les bienfaits du progrès moderne en faveur du bien-être matériel. Pourquoi serait-il prohibé à celui qui peut le faire, de se mieux loger, mieux nourrir, mieux vêtir, et de voyager par des voies plus larges et plus faciles? De quel droit pourrait-on condamner l'infirme et le vieillard, sous prétexte qu'ils habitent une bourgade, à n'espérer aucun refuge et aucun secours dans ses malheurs?

Une pareille doctrine n'a été prêchée nulle part; mais il faut avouer pourtant que c'est la seule qui ait été mise en pratique : dans les villes, les administrations supérieures, les autorités locales, les associations religieuses et les associations purement philanthropiques n'ont rien négligé pour augmenter le bien-être dans toutes les classes de la société, et particulièrement dans les classes pauvres et souffrantes; mais il n'a presque jamais été question des campagnes. Pourtant, les habitants des communes rurales ne sont-ils pas des hommes, des citoyens et des chrétiens comme tous les autres? Je ne vois donc pas pourquoi il ne serait question d'eux que lorsqu'il s'agit de payer les impôts (1).

En faisant le bien, on fait le mal; c'est-à-dire qu'en rompant l'équilibre entre le sort des villageois et celui des citadins, on favorise la désertion des campagnes, on fait naître le désir et le besoin de quitter son pays pour se réfugier dans les villes. Rien n'était plus facile, pourtant, que de ne point associer le mal au bien; il aurait suffi d'observer les règles de la justice dans la répartition des bienfaits. Ainsi, vous faites tout pour donner du travail dans les villes et y élever les salaires; mais pourquoi ne pas agir de même à l'égard des ouvriers des campagnes? Porter à trois ou quatre francs le prix de la journée de travail dans les villes, et le laisser à un franc dans nos campagnes, c'est dire par cela même aux ouvriers : « Fuyez les campagnes et accourez dans les villes. » Dans un grand nombre de communes rurales, les ouvriers qui n'ont d'autre métier que celui de travailler la terre se trouvent bien heureux quand ils peuvent, pendant les quatre ou cinq mois de l'hiver, trouver un propriétaire qui consente à leur donner la nourriture et soixante centimes par jour.

(1) Le nombre des villes de 5,000 âmes, et au-dessus est de 308 ; leur population n'est que de 6,564,438, habitants : pas tout à fait le cinquième de la population totale de la France.

C'est uniquement dans les villes que l'on trouve par centaines les institutions de prévoyance, les refuges et les secours en faveur des classes ouvrières. Cet état de choses n'a-t-il pas encore pour but d'attirer des campagnes dans les villes tous ceux qui souffrent présentement ou craignent de souffrir à l'avenir ?

Nous croyons, c'est vrai, à l'espérance de voir diminuer bientôt le fléau de la désertion des communes rurales ; mais si nos espérances sont telles, c'est parce que nous sommes persuadé que l'heure de la justice a commencé de sonner en faveur des campagnes. Depuis quelque temps, en effet, la société semble comprendre ses torts à leur égard et n'avoir rien tant à cœur que de les réparer. « Sa Majesté l'empereur, « disait tout récemment M. le ministre de l'intérieur, « tient bien plus aux améliorations des campagnes « qu'aux transformations des villes. » Remarquez bien que c'est la société entière qui a péché par indifférence contre les campagnes. Puisque les torts sont venus de tous côtés, il doit en être de même des réparations : elles doivent venir aussi bien des autorités locales et des associations de bienfaisance que des gouvernements.

Les trois moyens principaux d'augmenter le bien-être dans les campagnes sont : 1° de s'occuper d'une manière plus active de l'éducation morale du paysan,

encore trop arriéré dans la plupart des départements;
2° moins activer les travaux des villes pour les multiplier dans les campagnes par des améliorations de
toute sorte; 3° doter les chefs-lieux de canton des
institutions de bienfaisance les plus capables de garantir les classes pauvres contre les besoins de la
misère.

1° Ce n'est pas assez de donner à nos villageois la
capacité de lire et d'écrire; il faut pour compléter leur
éducation, leur apprendre tout ce qu'on apprend aux
classes ouvrières des villes, c'est-à-dire à savoir augmenter leur bien-être à peu de frais. Ce qui prouve
que cette éducation est possible et même facile, c'est
qu'elle s'est développée admirablement dans quelques
contrées : il y a des départements où le cultivateur et
l'ouvrier ne le cèdent en rien aux habitants des villes.
Malheureusement ce sont là plutôt des exceptions
qu'un état général. Son Excellence M. Rouher, qui
connaît mieux que ne les connaît ordinairement un
ministre, les habitudes et les tendances des populations rurales, attestait tout récemment au conseil général du Puy-de-Dôme un immense progrès sous ce
rapport. Rien n'est plus vrai ni plus sensible que ce
perfectionnement, mais cela n'empêche pas qu'il ne
soit encore bien au-dessous de ce qu'il devrait être,
surtout dans quelques départements qui ne sont pas
inconnus de Son Excellence.

D'où vient que dans la plupart de nos campagnes, ceux mêmes qui se trouvent dans de bonnes conditions ne savent point profiter des avantages de leur position et passent aussi tristement leurs jours que celui qui ne possède rien? Cela vient de ce que la société ne s'est nullement préoccupée de les former aux aspirations de la civilisation moderne. C'est assurément par une sotte ignorance que le villageois, qui va chercher le vétérinaire pour son bœuf malade, néglige d'appeler le médecin quand son père est mourant. Ce sont là des faits étonnants, mais ils n'en sont pas moins réels dans plusieurs localités. En général, le paysan soigne mieux ses bestiaux qu'il ne se soigne lui-même (1).

Grâce aux soins que l'on a pris d'éclairer les popu-

(1) Dans plusieurs contrées, l'habitude du paysan est de n'appeler le médecin que pour se sauvegarder aux yeux de l'opinion publique; il tient par-dessus tout à ce que les voisins ne puissent pas lui reprocher d'avoir laissé mourir son père ou son fils sans médecin. Ce qui le retient, c'est moins le défaut de confiance en la médecine que la crainte des dépenses. Dans plusieurs cantons que je connais, chaque visite dans les communes rurales coûte au moins douze francs. Il vaudrait mieux pour le médecin, et surtout pour les malades, que les prix fussent plus réduits : alors le paysan, prenant l'habitude d'appeler plus souvent le médecin, ce dernier finirait par compter quatre visites au lieu d'une auprès du même malade ; de plus, il lui serait possible de suivre les progrès de la maladie et de mieux surveiller l'application des remèdes chez des personnes qui n'y comprennent rien.

lations ouvrières des villes, ces populations sentent le besoin de se loger et de se nourrir selon les lois de l'hygiène. Beaucoup d'ouvriers, il est vrai, se montrent inconséquents en habitant des logements trop étroits; mais cela tient à la cherté des loyers et non au mauvais goût des locataires. Si ces hommes habitaient nos campagnes, ils sauraient, sans compromettre leur position, se loger, se nourrir et se vêtir convenablement; disons même que leur bon goût coûterait moins cher que l'insouciance des paysans de la plupart de nos départements. Nous connaissons des familles qui dépensent, chaque année, plus de deux cents francs en frais de maladies, et qui pourraient facilement les éviter en assainissant leur habitation; si ces familles tenaient compte de l'argent qu'elles donnent au pharmacien et au médecin, et surtout du temps perdu par le malade et par ceux qui le soignent, elles verraient qu'au bout de cinq ans la somme serait trois fois plus que suffisante pour obtenir les réparations exigées par les règles les plus essentielles de l'hygiène. Mais non ; au lieu de ces raisonnements si sages on en fait d'autres tout différents : les aïeux ont habité cette maison humide, entourée de bourbiers infects; ils n'avaient ni pavé, ni plancher, ni croisées à leur habitation; faire autrement, ce serait sortir de sa condition, ce serait faire du luxe, ce serait se rendre ridicule à tous ses voisins. Voilà où en est encore, sous ce rapport, la stupidité de nos paysans.

Ce que je dis du retard préjudiciable dans lequel on a laissé nos bons villageois par rapport à la commodité et à la salubrité des habitations, je pourrais le dire aussi de tous les autres éléments les plus essentiels aux conditions de l'existence humaine. Sous tous ces rapports, notre paysan n'est pas seulement au-dessous de l'habitant des villes, il est encore de beaucoup surpassé par les villageois de plusieurs contrées de l'Europe, et surtout de l'Angleterre.

« La maison qu'il habite, dit M. Michel Chevalier, au lieu de ressembler à ces cottages d'un aspect agréable dont se composent la plupart des villages anglais, peut, presque aussi bien que ceux du temps de La Bruyère, être appelée une *tanière*. On n'y rencontre rien de ce qui fait le bien-être et la commodité de la vie; ce sont des constructions où manque ce qui est le plus indispensable même à l'hygiène : un rez-de-chaussée humide sans plancher, pavé à peine, où l'on est pêle-mêle avec les animaux domestiques; à la porte un tas de fumier qui empeste l'atmosphère; aucune disposition intelligente pour se garantir du froid pendant l'hiver, quoique à cet égard les modèles soient tout trouvés, puisqu'il n'y aurait qu'à copier l'Allemagne et l'Europe orientale; — une nourriture grossière où la viande n'apparaît que comme un rare phénomène, même dans les provinces les plus renommées pour la production du bétail; fort rarement l'usage du vin, malgré l'abondance et le bon marché de cette denrée en France, le plus souvent de l'eau claire, et, dans les départements qui se croient privilégiés, un cidre dépourvu de toute vertu. Je pourrais citer telle localité située à 50 kilomètres des marchés où le vin est au plus vil prix, et dans laquelle cependant le travailleur des champs, nourri par le propriétaire ou par le fermier, n'a jamais une ration de vin à son repas, excepté peut-être chez quelques propriétaires qui, moins avares ou calculant mieux que les autres, distribuent du vin aux travailleurs à l'époque de la moisson seulement.

« L'instruction est au niveau du régime alimentaire et de l'habitation; le paysan ignore ce qu'il aurait le plus besoin de savoir pour être un agriculteur passable, et retirer de la terre un peu de bien-être en échange de son travail.

« J'ose affirmer que dans nos campagnes, parmi la population mâle, entre trente et cinquante ans, il n'y a pas une personne sur dix qui en soit là. Parmi les femmes, il faudrait dire une sur vingt. Une population qui vit dans des conditions semblables est en dehors de la vie civilisée; et à moins de rêves chimériques, on n'est pas autorisé à faire fond sur elle pour un progrès général des arts agricoles, ou pour un ac-

croissement rapide de la richesse publique et des ressources de l'État. »

— Chacun, dit-on, est libre de se loger et de se
nourrir comme il l'entend. — Je comprends très-
bien qu'on ne peut pas forcer nos paysans par des
procès-verbaux à se loger et à se nourrir autrement
qu'ils ne le font. Mais puisque les moyens moraux
ont suffi pour éclairer les populations des villes, pourquoi n'emploierait-on pas les mêmes moyens quand
il s'agit des campagnes ? On ajoutera peut-être qu'il
ne s'agit ici que d'une vingtaine de départements
arriérés. C'est possible ; mais vingt départements
donnent une population de près de 6 millions d'habitants ; et je ne vois pas comment le nombre de ces
hommes ne serait pas plus que suffisant pour s'intéresser vivement à l'amélioration de leur sort. Paris
n'a guère qu'un million et demi, et pourtant l'on
s'évertue, tous les jours, à y créer de nouveaux bienfaits et de nouveaux agréments. Jusqu'à ce que l'on
m'ait prouvé que les campagnards ne sont pas
Français comme les Parisiens, je resterai étonné
d'une sollicitude si vive pour les uns et d'une indifférence si marquée pour les autres.

2° Je me garderai bien de contester l'utilité des
améliorations que l'on a faites dans les villes :
tracer des boulevards, élargir les rues, construire
des édifices, tout cela sert à plusieurs fins. N'obtien-

drait-on d'autres résultats que ceux de rendre le séjour plus sain et plus agréable, de donner du pain aux ouvriers par le travail et d'inspirer aux particuliers le désir des réparations, que ce serait assez pour compenser largement les sacrifices que l'on fait. Ce n'est donc pas là qu'est le mal : la faute que l'on a commise, c'est de ne point faire les parts égales entre les campagnes et les villes. Puisque les habitants des communes rurales sont des Français, participant pour les trois quarts à la formation du budget, il était juste de leur attribuer les mêmes proportions dans les distributions. — L'État et les départements ne pouvaient faire tant de choses à la fois, me dira-t-on. — C'est possible ; mais quel malheur y aurait-il eu à ce que l'on mît vingt ans au lieu de dix à former les boulevards de Paris et de telle autre ville (1) ?

— Les cités, ajoute-t-on, possèdent des ressources considérables dont elles peuvent disposer ; il n'en est pas de même des communes rurales. — Ces revenus des villes, comment leur viennent-ils ? Ils leur viennent par les octrois, c'est-à-dire par des impôts sur les habitants ! Eh bien ! les campagnes n'ont-elles pas

---

(1) On dirait que la capitale affecte de construire pour démolir. Souvent l'on voit détruire ce qui n'avait été édifié à grands frais que deux ou trois ans avant. Pourtant ces changements divers ne coûtent pas moins que des millions.

aussi la ressource de l'impôt? Que le mode de pré-
lever les ressources sur les habitants d'une commune
s'appelle octroi ou autrement, cela ne fait rien à la
chose. Je sais fort bien qu'une petite commune ne
peut pas obtenir par les impôts les mêmes ressources
qu'une grande' ville; mais, en revanche, les dépenses
ne sont presque rien : une commune qui a un revenu
de mille francs est quelquefois relativement plus riche
qu'une grande cité qui compte des millions. La
ville de Paris a de très-gros revenus, cela est vrai;
néanmoins elle emprunte tous les ans, et il faut convenir que son passif serait encore bien plus considérable, si l'État n'était venu à son secours en plusieurs
circonstances (1). Il y a des communes rurales qui ne
comptent aucun pauvre; eh bien! ces communes sont
relativement plus riches que la capitale, dont les
charges s'accroissent chaque année d'une manière
prodigieuse, surtout depuis que tous ceux qui se sont
ruinés et n'osent pas se livrer aux travaux de la terre
ont pris l'habitude de se réfugier à Paris.

Puisque le mal est fait, il ne s'agit pas de l'éviter,
mais bien de le réparer. Eh bien! tirons un peu de
notre sollicitude des villes pour la porter sur les com-

(1) S'il est vrai que Paris ne sache que faire de ses ressources,
pourquoi demande-t-il des subventions à l'État aux dépens des
provinciaux, dont la plupart soldent un second impôt par leurs
voyages ou leurs achats à la capitale?

munes rurales. Il est urgent pour les campagnes, et
particulièrement pour certains départements déshérités, de tracer des chemins vicinaux et des chemins ruraux, comme aussi d'améliorer ceux qui
existent déjà. Activons de pareilles entreprises, si
importantes pour la valeur de la propriété et le bien-
être des villageois. 25 millions en huit ans ont été
accordés par l'État pour la continuation des chemins
vicinaux ; assurément nous devons remercier l'Empereur d'une si belle initiative, mais que sont 3 ou
4 millions par an pour 89 départements, quand on
pense que la construction d'un seul édifice public, à
Paris absorbe autant pour ne pas dire plus de frais ?
Il ne faut pas seulement aux campagnes des chemins,
il leur faut encore, comme aux villes, des assainissements, des constructions, etc. En faisant réparer tout
ce qui est public, on fournira du travail aux ouvriers
et du débit aux commerçants de toute sorte. Combien de personnes éprouvant le besoin de s'expatrier
cesseront d'éprouver de telles tentations, une fois
qu'elles trouveront le moyen de se livrer à un petit
négoce et d'en retirer quelques bénéfices ? Telle commune qui tombait en décadence à pas précipités,
reprendra une animation qui ne paraissait plus possible. Les améliorations publiques auront pour résultat d'inspirer aux particuliers l'idée d'assainir et
d'embellir ce qui leur appartient ; alors il en sera des

appartements comme il en est maintenant des toilettes dans la plupart des petites villes; car nous tenons à imiter ce qui nous plaît, et l'orgueil nous pousse à ne pas rester au-dessous de notre voisin. Ajoutons que l'orgueil n'est jamais un mal, quand il s'agit de se vêtir et de se loger convenablement.

Une fois que les travaux abonderont dans les campagnes, et que les salaires seront partout ce qu'ils sont en ce moment dans les départements les plus avancés, il s'ensuivra pour les classes inférieures de toute condition et de toute industrie, un état d'aisance qui ne contribuera pas peu à leur rendre l'existence plus longue et plus douce. Il n'y a encore que très-peu de contrées où la viande et le bon pain soient faits pour les classes ouvrières. Il n'en serait pas de même si l'on réparait dans les campagnes, et surtout dans les départements arriérés, les oublis que l'on a faits à leur égard : tous les villageois indistinctement pourraient se nourrir d'une manière confortable. De toutes ces améliorations il résulterait un grand bien pour l'humanité, car alors le villageois usant d'une aussi bonne nourriture que le citadin; ayant en plus un air pur et des mœurs sévères, serait mille fois plus fort qu'il ne l'est pour le travail; il se verrait avec une vie plus longue exempt de bien des maladies qui n'ont d'autre cause que sa mauvaise habitude de se loger, de se

vêtir et de se nourrir beaucoup plus mal que les mendiants des villes.

3° Par les institutions de prévoyance, on a cherché
à prémunir l'ouvrier contre les chances de la misère
et de l'abandon ; on a poussé la sollicitude juqu'à
fonder des refuges et des secours pour ceux mêmes
qui n'ont pas pu ou n'ont pas voulu profiter des bienfaits des institutions de prévoyance. Allez dans la première ville venue, et vous y trouverez des crêches,
des salles d'asile, des sociétés de secours mutuels, des
caisses d'épargne, de retraites de la vieillesse, des hospices, etc. Vous y compterez par centaines les associations formées en faveur des classes ouvrières (1). Rien
de mieux que toutes ces institutions ayant pour but
de consoler le malheureux et de secourir le pauvre ;
mais il me semble qu'aucun devoir civil ni religieux
ne nous oblige à tant faire pour les villes au détriment
des campagnes. Assurément, il y a des institutions
dont la réalisation serait trop difficile dans les cam-

(1) Avant son aggrandissement, Paris disposait déjà dans
son budget d'une somme de 24 millions pour l'assistance publique. Il avait à sa charge 20,942 enfants, il comptait 7,172 lits
dans les hôpitaux, et 10,642 lits dans les hospices. Joignez à
ces ressources toutes celles qui viennent des associations libres
et de la charité privée, et vous trouverez que le chiffre est
énorme ; malgré cela, il y a des souffrances de toutes sortes
qui restent sans secours et sans consolation ; car plus les villes
font pour les malheureux, plus les malheureux y abondent.

pagnes, mais il y en a beaucoup d'autres qui ne réclament que de la bonne volonté : telle est, par exemple, l'institution des salles d'asile par chef-lieu de canton.

Le travail des femmes, qu'on le sache bien, n'est pas moins nécessaire dans les campagnes que dans les villes. Il y a beaucoup de pays, en France, où les femmes prennent autant de part que les hommes à la culture de la vigne, au labourage, etc. Tel petit propriétaire qui vit avec aisance ne pourrait pourtant se suffire, avec le revenu de sa modeste propriété, si, sa femme ne lui portant aucun secours, il était tenu de payer un domestique ou un ouvrier. Dans les pays où la femme ne participe point aux travaux extérieurs, son temps n'est pas moins précieux ni moins rempli par la préparation des repas, la tenue du linge et le raccommodage des habits.

On rendrait aux campagnes des services encore plus grands, en établissant une caisse d'épargne par chaque canton. Aujourd'hui, les communes rurales ont de très-fréquents rapports avec le chef-lieu de canton : c'est là que l'on va, le dimanche, pour trouver le juge de paix, le notaire, l'huissier, le contrôleur, le percepteur, ainsi que pour se procurer chez les marchands tout ce qui est nécessaire au ménage pour les six jours de la semaine. Comme c'est principalement dans les campagnes que les classes inférieures n'ont ni le talent ni l'occasion de faire fructifier le peu d'argent qui leur reste après les foires, elles pourraient le confier à la caisse d'épargne, où elles le trouveraient quand le besoin s'en ferait sentir ; cette création ne demande aucun sacrifice aux communes ni à l'État.

Les caisses d'épargne, dans les cantons, pourraient avoir deux buts : recueillir les économies des classes inférieures, et fournir, au taux légal, des prêts modiques aux ouvriers et aux cultivateurs honnêtes qui se trouveraient dans l'embarras. La caisse aurait des livrets pour le passif comme elle en a pour l'actif. On ne saurait croire de combien de familles cette institution sauvegarderait les intérêts ! Les résultats seraient d'autant plus précieux, qu'il s'agit ici des familles les plus laborieuses et les plus honnêtes. Une organisation pareille ne réclame guère qu'un peu plus de sollicitude ; s'il y avait parfois quelques pertes, la somme de ces pertes n'irait jamais jusqu'à égaler les dépenses que fait Paris pour une seule de ses fêtes. Assurément, je ne veux pas blâmer les dépenses sacrifiées aux fêtes publiques, elles ont bien leur utilité ; mais n'en serait-il pas de même des caisses d'épargne à l'égard des ouvriers et des petits cultivateurs ? Combien de personnes et de familles entières plongées dans la misère, et forcées de recourir à la charité publique, seraient encore dans la prospérité ou au moins dans l'aisance, si leur bonne foi avait suffi pour leur faire obtenir des emprunts à des conditions peu onéreuses ! Généralement, le riche propriétaire trouve, au taux légal, dix fois plus d'argent qu'il n'en désire ; mais il n'en est pas de même de ceux qui ne peuvent offrir des garanties sur des biens-fonds ou présenter une caution valable. Très-souvent, ces derniers sont obligés d'emprunter à des conditions tellement lourdes, qu'elles suffisent pour les ruiner en peu de temps.

Les campagnes renferment un grand nombre de petits propriétaires qui récoltent à peine de quoi subvenir aux besoins annuels de leur famille. Parmi ces propriétaires, il en est qui sont laborieux jusqu'au point ne de pas perdre un moment, économes jusqu'au point de ne jamais dépenser un centime pour leurs plaisirs ; quand ils vont à une foire, ils portent un peu de pain noir dans la poche de leur habit, pour n'être pas obligés d'entrer au cabaret. Il est évident que ce sont là des hommes qui veulent venir au monde, qu'il est utile, par conséquent, d'encourager et d'aider dans leurs bonnes intentions.

Malgré ses bonnes intentions, que fera cet honnête cultivateur pendant l'année où les frimas de l'hiver ou les tempêtes de l'été auront détruit la récolte sur laquelle il comptait ? Comment payera-t-il les impôts et nourrira-t-il sa famille ? Que fera-t-il, si son vieux père, qui est encore foncier dans la maison, vient à mourir ? Comme on le sait, de tels événements entraînent des dépenses de toute sorte ; d'autant plus qu'il faut payer les droits de succession dans un temps donné, sous peine d'être exproprié. — Dans tous ces cas, me direz-vous, cet honnête agriculteur doit recourir à un emprunt. — Je conviens que c'est là le seul parti à prendre, s'il ne veut pas être expulsé du peu de bien que lui ont laissé ses ancêtres ; mais n'y-t-il pas eu des temps où les capitaux, affluant en masse sur les rentes et entreprises industrielles, étaient fort rares dans les campagnes ? Quoique aujourd'hui l'argent abonde davantage dans les villages, les capitalistes, nous le savons, n'aiment guère à prêter pour un temps long, et surtout pour un temps indéterminé. Persuadés que le propriétaire en question ne pourra payer de longtemps si on ne lui fait vendre sa propriété au tribunal, ce qui répugne toujours à des voisins non usuriers, on aime mieux répondre qu'on n'a pas d'argent à prêter, que de s'exposer à être la cause plus tard des inconvénients dont nous parlons. Voilà des positions regrettables, auxquelles il *est urgent* de s'intéresser.

Ainsi, les caisses d'épargne auraient pour but et pour effet de rendre service à tous ceux auxquels ne s'adressent pas le Crédit foncier et les autres sociétés financières, sociétés qui non-seulement ne peuvent pas accepter pour garantie la foi et l'honneur de l'homme le plus honnête, mais qui ne sauraient descendre à des emprunts si minimes.

L'œuvre la plus éminemment sociale sous tous les rapports serait, sans contredit, celle qui aurait pour but de faire placer chez les cultivateurs les enfants abandonnés dans les villes. Cette œuvre serait charitable, puisqu'elle pourvoirait aux besoins spirituels et temporels de tant de créatures; elle serait morale, puisqu'elle prémunirait contre bien des vices les enfants qui ne savent que devenir dans les cités. Il est facile de comprendre que si la vie des villes offre des inconvénients et des dangers, c'est principalement pour des enfants qui n'ont personne pour les sauvegarder et leur donner une bonne éducation. Aussi les statistiques sont-elles là pour nous apprendre que les libertines et les filous sont recrutés en grande partie dans cette catégorie. Cette œuvre serait éminemment sociale, en ce sens d'abord qu'elle utiliserait des bras perdus, et de plus en ce qu'elle diminuerait le nombre de ceux qui, étant sans foi ni loi, ne savent travailler qu'aux bouleversements sociaux.

Une chose certaine, c'est que l'équilibre naturel entre la population des campagnes et celle des villes a été rompu ; une autre chose non moins certaine, c'est que le bien de la société exige que cet équilibre soit rétabli au plus tôt. Par quels moyens l'établir présentement? Faut-il engager les hommes faits à rentrer des villes dans leur pays ? Cela n'est guère facile, même pour ceux qui n'ont d'autre occupation que celle de battre le pavé des rues et de réclamer, chaque semaine, des bons de charité au curé de la paroisse et au bureau de bienfaisance : il leur serait trop pénible en ce moment de s'occuper des travaux de la terre. Restent donc les enfants ; mais quels enfants ? Peut-on s'adresser aux enfants qui habitent le foyer domestique ? Nous espérons bien qu'à un temps donné, bon nombre de familles habitant les villes se feront un devoir de disposer leurs enfants à la profession d'agriculteur, ne serait-ce que dans l'intérêt de leur santé ; mais en attendant cette réaction, l'on ne peut compter sur la bonne volonté des parents, qui n'ont, la plupart, encore que des préjugés sur les occupations agricoles. L'équilibre réclamé par la prospérité sociale ne peut donc commencer à s'opérer que par les enfants délaissés. Ces enfants, du reste, sont plus nombreux qu'on ne le pense communément, car le nombre seul de ceux qui sont à la charge de l'État s'élève à 123,000. La quantité de ceux qui ne sont pas portés sur les budgets de l'État ne doit-elle pas paraître encore plus considérable, si l'on fait attention à la multitude de ceux qui sont devenus orphelins et de ceux qui ont quitté le foyer domestique ou en ont été chassés.

Quant aux moyens d'obtenir les résultats en question, ils sont beaucoup plus faciles que ceux de la

plupart des œuvres qui n'ont qu'une portée fort res-
treinte. Quelle est la ville, en effet, si petite qu'elle
soit, qui ne compte une association charitable, telle
qu'une société de Saint-Vincent-de-Paul? Partout
où il y a une association charitable, elle se fait un
devoir de prendre sous sa protection les enfants
délaissés. Quand elle restreint le nombre de ses protégés, c'est que les ressources lui font défaut. Ici le
manque des ressources ne peut pas arrêter les bonnes
volontés : sur dix enfants que placerait une société,
cinq ne lui coûteraient rien, et les cinq autres ne
lui coûteraient que des frais d'entretien presque insi-
gnifiants. Les enfants, étudiés et protégés pendant
quelque temps par l'association, seraient placés de
préférence chez des cultivateurs religieux, et l'association donnerait une indemnité à ces cultivateurs,
dans le cas où l'enfant serait encore trop jeune pour
gagner sa nourriture et son entretien de l'année.

Chaque association ne parviendrait-elle à placer,
terme moyen, que douze enfants par an, il en résulterait, en moins de dix ans, un accroissement de plus
de 150,000 personnes en faveur de la prospérité des
campagnes et de l'agriculture (1). Le bienfait ne
serait pas seulement pour les campagnes ; il serait

(1) Là où il n'y a pas de société de charité, le bureau de
bienfaisance pourrait remplir la même mission,

encore pour les villes, qui verraient diminuer leurs charges; pour la morale, qui verrait affaiblir les vices ; pour la justice, qui aurait à constater moins de délits ; pour le gouvernement, qui compterait moins de perturbateurs ; pour la religion, qui aurait à déplorer le sort de moins d'ignorants et de moins d'impies.

Hâtons-nous de faire observer que la bonne pensée de cette œuvre ne vient nullement de nous ; elle nous a été inspirée par des hommes éminents, sincèrement dévoués aux intérêts de la religion et de la société. Ces hommes sont pénétrés des grands avantages de la vie agricole ; de plus, ils ont étudié de près tout ce qu'a de fàcheux et de déplorable, pour le présent et l'avenir, la position des enfants abandonnés qui vivent dans le trouble des villes.

Que dirait-on d'un homme qui, tout en puisant dans la bourse d'autrui pour gérer ses affaires, ne saurait nullement mettre à profit les ressources qui sont dans la sienne? Sa faute serait pour le moins taxée d'inconséquence. Il en serait de même des campagnes, si elles recevaient, par les moyens que nous venons d'indiquer, le concours des biens perdus dans les villes, et ne se préoccupaient nullement des moyens d'utiliser les forces qui se perdent sous leurs yeux. Telle serait, par exemple, l'indifférence par rapport au vagabondage qui désole la plupart de nos communes rurales.

Quoique la destruction du vagabondage ait fait un grand pas depuis quelques années, nous pouvons assurer, néanmoins, qu'il reste encore beaucoup à faire. C'est déjà quelque chose que l'on soit parvenu, en plusieurs lieux à épouvanter les mendiants valides ; c'est beaucoup que plusieurs départements aient restreint la mendicité à la propre commune de chaque pauvre. Ces résultats sont précieux, disons-nous, mais nous les regardons comme insuffisants.

L'enfant qui s'habitue à mendier dès son bas âge, ne fréquente ni le catéchisme ni la classe de l'instituteur ; ne pouvant être surveillé par des parents ou des maîtres, il voit développer en lui tous les mauvais instincts de l'homme, sans recevoir l'éducation qui développe les bonnes inspirations et redresse les mauvaises. Il est rare que l'arbre ne soit pas ce qu'a été l'arbrisseau : cet enfant vit dans l'ignorance, la paresse, etc. ; or, ces défauts, comme on le sait, sont la source de bien d'autres ; ce qui le prouve, c'est que cette catégorie fournit une grande partie des malfaiteurs qui peuplent nos prisons. L'état de mendicité est donc un état fort nuisible à l'ordre moral, social et religieux ; il n'est pas moins préjudiciable aux intérêts du vrai pauvre ; car alors, les fainéants absorbant les aumônes de celui qui peut donner, le vrai pauvre reçoit beaucoup moins pour sa détresse. Le riche, destinant chaque année une certaine somme aux œuvres

de charité, il ne peut donner à l'un ce qu'il a donné
à l'autre (1).

Certains départements ont vu le mal, saus savoir
y porter un remède efficace. On s'est contenté de
prendre des mesures sévères contre les mendiants ;
on a cru pouvoir arrêter la mendicité en écrivant sur
tous les coins de mur : *Défense de mendier!* Rien de
plus absurde. Comment ! vous n'assurez aucun secours à celui qui a besoin, et vous lui défendez de
mendier sous peine d'être incarcéré ! C'est donc que
vous voulez condamner les pauvres à mourir de faim !

Parmi ceux qui mendient, il en est qui ont vraiment besoin, comme étant incapables de travail ou

(1) Je connais un Auvergnat qui, à chaque automne, quitte
son pays pour passer dans le Poitou. Avant de partir, il loue
trois ou quatre enfants de huit à quinze ans. Chacun de ces
enfants, obligé de se dire orphelin, passe dans les villages
pour demander l'aumône, tout en cherchant à vendre des épin-
gles et des aiguilles. L'Auvergnat, revenant au pays, se trouve
avoir gagné des sommes considérables par cette honteuse spéculation. Ce fait m'est connu personnellement ; mais je sais,
par des témoignages authentiques, qu'il y en a bien d'autres
de ce genre.

Lorsque je vois, à Vichy et ailleurs, des enfants robustes et
des jeunes filles pleines de santé s'introduire dans la salle à
manger des étrangers pour mendier une pièce de monnaie, au
son de la guitare ou du violon, je ne puis m'empêcher d'éprouver un sentiment de douleur, je dirai presque d'indignation. Si
ces jeunes gens et ces jeunes filles s'étaient appliqués aux travaux des champs, leur moralité ne serait-elle pas moins suspecte?

n'en trouvant pas. Il y a des enfants de quinze ou vingt ans qui sont obligés de mendier pour un père ou une mère infirme ; il faut donc commencer par secourir, à domicile, tous ceux qui ont vraiment besoin. Si les ressources ordinaires de la charité étaient réservées uniquement aux vrais besoins, les pauvres dignes de compassion seraient abondamment secourus.

Le département de la Corrèze ayant fondé un établissement connu sous le nom de *Dépôt de mendicité*, les pauvres valides qui s'obstinent à se livrer au vagabondage, sous prétexte que le travail leur manque, sont conduits à ce dépôt. Des sœurs de charité y prennent soin de leur instruction morale et religieuse, ainsi que de tout ce qui regarde leur bien-être matériel. Évidemment, ces pauvres sont mille fois mieux qu'avant, sous tous les rapports : lorsqu'ils demandent à sortir, ils n'ont plus horreur du travail agricole, et savent même l'exécuter avec intelligence. Une fois, du reste, que la mendicité est interdite, sous peine pour les délinquants d'aller travailler au dépôt de mendicité, le paresseux se décide à renoncer au vagabondage pour vivre de son travail.

C'est par là surtout que les dépôts de mendicité font un grand bien ; il en est d'eux comme des prisons : c'est principalement sur ceux du dehors que ces établissements exercent leur plus salutaire influence.

Des résultats si utiles réclament-ils de grands sacrifices aux départements? Nullement. Le département de la Corrèze en a été quitte pour les premiers frais : il n'y a guère que neuf ans que cette institution est fondée, et déjà les ressources provenant de la culture des terrains autrefois improductifs dépassent le taux des dépenses nécessaires. Dans quelques années, cet établissement pourra, avec ses bénéfices, acheter d'autres terrains incultes et y obtenir des résultats non moins satisfaisants. De cette manière, le bien des vrais pauvres n'est pas enlevé par les mendiants de profession; les mendiants valides ne sont plus privés de l'instruction morale et religieuse; l'agriculture gagne des bras autrefois inutiles, et acquiert pour sa richesse des terrains dont le rapport était nul. Pourquoi donc ne ferait-on pas dans tous les départements ce que l'on a fait dans quelques-uns (1) ?

Rien n'est plus utile et plus consolant que de voir les principales autorités d'un département s'entendre pour mettre fin au vagabondage. Aussi, est-ce avec satisfaction que nous avons vu monseigneur l'évêque de Rodez dire à ses curés, dans une circulaire remarquable :

(1) Grâce aux efforts de l'administration et aux sacrifices des communes, la mendicité est défendue dans quarante-sept départements. On compte trente-trois dépôts, outre les refuges annexés aux hôpitaux et aux hospices.

« Animé des plus louables intentions, M. le préfet du département de l'Aveyron a conçu le projet d'éteindre la mendicité dans le ressort de ce département. »

« Le conseil général s'est associé à cette pensée, selon la mesure des ressources dont il a pu disposer. Mais ces ressources, jointes à celles des communes, étant insuffisantes, M. le préfet a voulu faire appel à la charité privée, et il m'a prié de réclamer le concours du clergé diocésain vis-à-vis des habitants des paroisses, en faveur de cette œuvre de bienfaisance.

« Vous savez déjà, sans doute, qu'en établissant des *comités de charité* dans toutes les communes du département, ce haut magistrat y assigne une place et une part d'action à tous les curés du diocèse, afin de grouper dans un but commun les influences diverses du pays.

« Nous venons vous inviter d'abord à accepter cette tâche qui vous est offerte, et à prêter au comité dont vous serez membre l'influence que vous donnent vos fonctions pastorales.

« Nous vous invitons ensuite à recommander publiquement à vos paroissiens une entreprise qui, si elle peut se réaliser parmi nous, produira d'heureux résultats, et pour les pauvres, et pour les riches, en délivrant les uns de la triste nécessité de mendier, et les autres des importunités d'une misère qui n'est assez souvent que le masque du vice ou de la paresse.

« C'est pour aller au-devant des souffrances, volontaires ou involontaires dans leur principe ; pour procurer un morceau de pain à domicile, autant que faire se pourra, à ceux qui sont forcés d'aller le mendier sur les grands chemins, et en même temps pour empêcher que d'autres ne pratiquent la mendicité comme une industrie qui les exempte d'un travail honnête ; c'est pour ces motifs, disons-nous, qu'il est bien de faire appel à la charité privée, afin qu'elle destine une part de ses aumônes à l'extinction de la mendicité ; c'est dans ces conditions seulement qu'une telle entreprise peut se présenter avec chance' de réussite dans un pays chrétien comme le nôtre. »

Ce n'est pas tout d'obliger les fainéants à travailler ; il y a des infirmes, des vieillards, qui n'ont jamais été ou qui ne sont plus en état de compter sur les ressources du travail ; il faut se préoccuper de leur sort si digne de notre intérêt. Dans les villes, les hospices et autres institutions peuvent donner un refuge aux créatures délaissées qui n'ont personne pour leur donner des soins, mais il n'en est pas de même dans les communes rurales (1).

____

(1) Sous la république, une somme de deux millions fut votée par l'Assemblée législative pour secourir les invalides des campagnes, et cela, nous sommes heureux de le constater, sur

On a parlé souvent de l'intention d'établir des hospices cantonaux ; mais un examen plus attentif a fait comprendre que la réalisation si coûteuse et si difficile de cette idée n'obtiendrait pas des résultats satisfaisants. Les hospices, en effet, sont très-utiles dans les grandes villes, parce que les villes peuvent compter sur de grandes ressources, et que les citadins qui n'ont pas de quoi se faire soigner dans leurs infirmités, n'éprouvent aucune répugnance à s'y réfugier. Il n'en est pas de même dans les campagnes : les bons effets n'y seraient nullement en rapport avec les dépenses obligatoires. La fondation et la bonne direction d'un hospice cantonal, qui aurait seulement dix places disponibles, exigeraient un capital de près de 200,000 francs. L'établissement, avec tout le mobilier nécessaire, coûtant plus de 40,000 francs., le revenu annuel des autres 160,000 francs serait presque absorbé par l'entretien du mobilier, le traitement des sœurs de charité, les honoraires du médecin, du comptable, le salaire des domestiques, l'achat des remèdes, etc. De plus, il y a des cantons où les habitants se font un tel point d'honneur de ne pas entrer dans un hospice, qu'ils préfèrent souffrir que

l'initiative d'un représentant de la Corrèze. Malheureusement, cette somme n'a jamais reçu sa destination. Il est superflu d'ajouter que de pareils votes n'ont pas été obtenus, ni même demandés, pour les années subséquentes.

de s'y réfugier. Ainsi, l'entretien de l'établissement, avec les complications de la bureaucratie, entraînerait des frais énormes, et les âmes charitables n'en seraient pas moins obligées de porter des secours à domicile.

Au lieu de fonder un hospice avec 200,000 francs, que l'on applique les revenus de cette somme aux secours à domicile, et l'on verra que les résultats seront autrement bienfaisants ! Alors, ce ne sera pas seulement cinq ou six pauvres que l'on secourra, mais bien quarante ou cinquante affligés qu'on aidera et consolera avec la même somme. De cette manière, un franc en vaudra deux en réalité : car il n'est guère d'infirme qui n'habite avec quelque parent ou ami capable de lui donner des soins. Si, par une exception bien rare, un infirme est entièrement délaissé et demande à être soigné dans un hospice, la commune peut le faire admettre dans l'hospice le plus voisin, moyennant une légère rétribution qu'elle prendra sur les revenus dont nous parlons. Les communes et les malheureux gagneront considérablement à renoncer à la fondation d'un hospice, pour s'en tenir aux pratiques suivies par les sociétés de secours mutuels (1).

---

(1) Il est rare que les médecins se refusent à soigner les pauvres de leur localité ; mais il est fâcheux que ces hommes publics soient obligés, dans les commune srurales, de faire en-

L'essentiel, pour améliorer le sort des villageois de toute condition n'est donc pas de copier ponctuellement tout ce qui se fait dans les villes, c'est de chercher les moyens les plus pratiques et les plus en rapport avec les convictions et les habitudes de ces habitants. Cette tâche appartient de droit aux autorités locales ; c'est à elles, qui connaissent les mœurs, les ressources et les besoins, de se préoccuper vivement de tout ce qui peut donner du travail aux ouvriers et des secours aux infirmes. Espérons que l'heureuse initiative des administrations urbaines ne tardera pas à trouver de l'écho dans nos administrations rurales. Puisque notre siècle est un siècle de progrès, il faut que les campagnes s'en aperçoivent aussi bien que les villes.

Si l'on faisait pour le bien-être des villageois tout ce que l'on a fait pour le bien-être des citadins, les villes ne tarderaient pas à voir alléger le fardeau de leurs dépenses : cela revient à dire que, sous le rapport même pécuniaire, les villes ne perdent guère moins que les campagnes au mal de l'émigration. Les habitants des grandes villes, et surtout les Parisiens, se plaignent de l'élévation des droits d'entrée sur

core le sacrifice des médicaments. Il nous semble que les bureaux de bienfaisance pourraient leur épargner ces derniers sacrifices.

les objets de consommation. J'avoue que ces prélèvements sont regrettables sous bien des rapports; mais est-il possible aux villes de renoncer à de pareils bénéfices, tant que les familles qui ne trouvent point de ressources dans les campagnes viendront en chercher dans les villes? D'après un mémoire publié tout récemment dans *le Moniteur* par M. Haussmann, préfet de la Seine, il résulte que les habitants de Paris que la ville aurait à nourrir ou à secourir dans un cas de disette, sont au nombre de cent mille. M. le préfet en conclut que si Paris a dépensé, en 1847, neuf millions en bons de pain pour une population de neuf cent mille habitants, il faudrait, pour la population actuelle, vingt et un millions, si une disette du même genre venait à nous éprouver.

CHAPITRE XII

La Centralisation.

A des époques données, on a vu chez quelques peuples les citoyens de toute condition ne parler jamais en public sans proclamer la nécessité de la vertu et s'extasier sur ses charmes. Ce qui étonnait l'étranger nouvellement arrivé, c'était de voir ces mêmes hommes ne se préoccuper nullement, dans leurs actes privés, des beaux principes qu'ils avaient posés la veille. « Est-ce possible, disait cet étranger, que l'on désire tant une chose, et que l'on ne fasse rien pour l'obtenir? » Nous pouvons dire, en France, de la décentralisation, ce que l'on a dit ailleurs de la vertu. Quel est celui qui ne parle hautement de la nécessité de la décentralisation, et qui ne soit même intimement convaincu des funestes conséquences de l'excès de centralisation? Parmi les hommes qui réfléchissent un peu sur l'état présent des choses, il n'en est pas un seul qui ne soit étonné et même alarmé du danger de ses conséquences; pourtant, en est-il beaucoup qui poussent le repentir jusqu'à réformer leur conduite passée, et se fassent un devoir d'user des moyens qui sont en leur pouvoir pour arrêter les excès de centralisation? Il en est peut-être; mais il faut avouer qu'ils sont bien rares.

Remarquez-bien qu'il ne s'agit pas seulement ici de la décentralisation administrative, ni par conséquent des hommes qui sont à la tête des administrations; il s'agit de toute espèce de décentralisation intellectuelle, charitable, industrielle, etc.

Si l'on peut arrêter la fureur des provinciaux à se précipiter à la capitale, et celle des villageois à courir dans les chefs-lieux de département et d'arrondissement, ce n'est pas, assurément, en se conformant aux

mesures et aux tendances des gouvernements mo
dernes. Une condition essentielle pour obtenir ce résultat, c'est de faire aimer les campagnes ; or, le moyen
le plus efficace de les faire aimer, c'est d'y propager
les améliorations qui peuvent en rendre le séjour plus
utile et plus agréable. Nous sommes obligé de constater que si tant de communes rurales sont restées
en arrière en fait d'améliorations, c'est qu'on ne leur
a pas laissé assez d'initiative et assez de liberté. Un
conseil municipal qui sent le besoin de faire construire
ou de faire restaurer un édifice public, se dit : souvent : « Il nous faudra deux ou trois ans pour obtenir
« un devis et le faire agréer par les autorités du dé-
« partement et celles de la capitale ; un temps égal
« au premier sera requis pour faire approuver le vote
« de l'impôt, ou pour recueillir cet impôt en plu-
« sieurs annuités ; toutes ces complications et tous
« ces délais, joints aux retards qu'entraînent naturel-
« lement les constructions et réparations, feront qu'il
« ne nous sera jamais possible de profiter de l'œuvre
« pour laquelle nous nous imposerions des sacri-
« fices. Puisque ces sacrifices ne serviraient qu'à nos
« neveux, laissons-leur le soin et la charge de les sup-
« porter. » Sans doute, ces raisonnements sont fâcheux
et absurdes, mais ils n'en sont pas moins réels, et le
résultat n'en est pas moins regrettable. Cet état de
choses est loin d'exister partout, mais il est assez

commun dans les campagnes, où les obstacles sont plus nombreux et plus difficiles à lever, surtout quand ces campagnes ne peuvent pas compter quelque protecteur influent, capable de faire abréger les formalités et de vaincre les obstacles dans les bureaux des préfectures et des ministères.

Nous sommes donc heureux de constater ici les bonnes dispositions de l'Empereur à cet égard; puisque Sa Majesté est la première à proclamer les inconvénients de la centralisation et à désirer la simplification des trop nombreuses formalités administratives, c'est une preuve qu'elle porte sa sollicitude aussi bien sur les campagnes que sur les villes. Il est temps, en effet, que les provinces secouent en partie le joug de la capitale, et que les communes rurales en fassent de même à l'égard des chefs-lieux de département et d'arrondissement.

Il serait absurde et injuste, pourtant, de méconnaître les bienfaits que la centralisation a produits dans les temps passés. Il y a une centralisation nécessaire pour la marche de la civilisation; rien de mieux que de la conserver. Ce que nous déplorons, ce sont les excès de centralisation, excès qui n'ont pas peu contribué à pousser dans les villes les habitants des campagnes. Que l'administration conserve une certaine protection sur les communes rurales, ce n'est pas là un grand malheur pour plusieurs d'entre elles; car nous connaissons bien des églises, des presbytères et des écoles qui n'auraient jamais existé si l'administration supérieure n'avait eu la faculté de prendre l'initiative et de faire respecter ses bonnes intentions. Nous devons désirer l'approche des temps où toutes les autorités locales seront assez éclairées et assez zélées sur les intérêts communs pour pouvoir tout faire par elles-mêmes; mais, en attendant ces heureux temps, nous ne devons pas regretter le droit que prend l'administration supérieure de les forcer aux améliorations ou de les y encourager par des subventions. Tout ce que nous devons demander pour le moment, c'est que les communes bien intentionnées ne rencontrent ni entraves ni retards dans les démarches qu'elles font pour avancer dans la voie du progrès.

Ce qui n'est pas moins fâcheux, c'est que la plupart des gouvernements aient porté de préférence sur les villes leur sollicitude et leurs subventions. A Paris, rien ne manque au public, même en fait d'agréments; il en est presque de même dans les autres grandes cités; tandis que la plupart des campagnes restent dans le même état qu'elles étaient il y a cinquante ans. Qu'un chef-lieu de département réclame une route, un pont, une préfecture, un hôtel de ville, une cathédrale, un palais épiscopal, un grand séminaire, cela suffit pour que de pareils désirs soient réalisés en peu de temps et à grands frais. Assez souvent les fonds alloués aux édifices religieux du chef-lieu de département s'élèvent bien plus haut que tous ceux réunis des autres trois ou quatre cents églises du diocèse.

Si nous sommes convaincus de la nécessité d'arrêter la trop grande affluence dans les villes, hâtons-nous d'être justes envers les communes rurales. Les principales ressources du budget viennent des campagnes, tâchons de faire participer ces campagnes aux répartitions. Les transformations des villes étaient désirables pour le bien-être des habitants, je l'admets; mais il faut admettre aussi que c'est maintenant le tour des campagnes : s'il était bon d'inspirer aux villes l'amour de l'utile et du beau par la réalisation des embellissements, cela est encore plus nécessaire pour les villageois, beaucoup plus arriérés sous ce rapport. Cette justice de répartition sera d'autant plus bienfaisante dans ses résultats, que les fonds employés à l'amélioration publique d'une ville suffiraient pour en réaliser cinq du même genre dans une campagne.

C'est encore par excès de centralisation que toutes les facultés, toutes les principales écoles, dans les sciences, les arts et l'industrie, ne sont établies qu'à la capitale. Pourquoi empêcher les jeunes gens d'arriver à la position qu'ils convoitent sans passer quatre ou cinq ans à Paris? Attirer ainsi cinquante mille jeunes gens à la capitale, c'est y attirer cinquante

mille autres personnes par le gain que les premiers
y apportent ; c'est enlever à la province une grande
partie de ses intelligences, de ses biens et de ses
capitaux. Sans doute, la plupart des jeunes gens
qui vont à Paris reviennent plus tard dans leur pays;
mais outre qu'il n'en est pas de même des personnes
qui y vont pour les instruire ou les servir, n'est-il
pas vrai que la capitale en retient un assez grand
nombre, surtout de ceux qui sont trop peu intelligents
ou trop dévergondés pour arriver au bout de leur carrière? Rendre le séjour de Paris obligatoire, c'est
prendre une mesure peu favorable à la moralité des
jeunes gens et à la bourse des pères de famille. Paris
renferme une multitude de jeunes gens qui se déran-
gent au point de ruiner leurs parents, sans obtenir
d'autre avantage que celui de se livrer à toute espèce
de plaisirs désordonnés.

Si l'on m'objecte que ce n'est qu'à la capitale que
l'on peut trouver les grands maîtres, je répondrai que
la raison en est bien simple : les maîtres vont où sont
les écoles et les élèves; ces maîtres seraient allés
ailleurs comme ils sont allés à Paris, si les mêmes
auditeurs et les mêmes avantages y étaient attachés.
La plupart de ces grands maîtres ne sont pas nés
Parisiens; ils ne sont devenus tels que parce que la
force des choses les y a poussés. Que l'on transporte
dans d'autres villes, dans une du nord et dans une

autre du midi, les grandes institutions dont nous parlons, et cela avec les mêmes prérogatives, on verra que les maîtres et les élèves ne tarderont pas à se rendre dans les villes désignées. Jusqu'ici, disons-le, on n'a pris que des voies opposées à celles que l'on devait choisir : tous les grands honneurs, toutes les mentions les plus acclamées dans les journaux, tous les avantages exceptionnels sont réservés aux étudiants et aux élèves de Paris. S'il y a de grands concours, de grands priviléges, c'est toujours pour les lycées, les écoles et les facultés de la capitale.

Le développement toujours croissant de notre industrie réclame, à chaque instant, de nouvelles usines. Pourquoi, avons-nous dit ailleurs, les établir dans les grandes cités et y attirer ainsi les ouvriers? Ne vaudrait-il pas mieux les fixer dans de petites villes? En ce moment, rien ne peut s'opposer à cette réalisation, puisque toutes les petites villes sont ou vont être réliées aux grands centres par des chemins de fer. Si l'on nous objecte que les bons ouvriers ne peuvent se trouver que dans les grandes cités, nous répondrons ce que nous avons déjà répondu pour les grands maîtres des écoles : les bons ouvriers vont où les appellent le travail et le gain; croyez qu'ils seront heureux de rester dans leur pays, une fois qu'ils pourront y trouver les mêmes avantages que partout ailleurs. Il n'est pas besoin d'ajouter que, sous bien des rapports, la condition du patron ne serait pas moins favorable que celle de l'ouvrier : l'habitation des grandes villes entraîne des frais énormes qui seraient bien moins considérables partout ailleurs.

Le plus grand obstacle contre l'établissement des fabriques dans les campagnes vient d'un préjugé bien répandu, principalement chez les petits bourgeois de village, savoir, que tout ce qui vient de Paris est excellent, et que tout ce qui vient de la province, et surtout d'une petite ville, ne peut avoir de mérite ni de valeur. Chose étonnante! ces bourgeois, en faisant tout faire et tout venir de Paris, rendent le travail et le commerce impossibles dans les campagnes; ils travaillent de toutes leurs forces à augmenter les excès de centralisation, et, en même temps, on les voit toujours au premier rang quand il s'agit de crier en faveur de la décentralisation! Ne nous semble-t-il pas voir un homme se jeter dans une rivière pour se noyer, tout en proclamant bien haut qu'on le fait noyer malgré lui?

Que les femmes, en effet, dont les principales préoccupations roulent sur les objets de toilette, poussent la vanité jusqu'à faire venir leurs robes et chapeaux de Paris, cela se comprend jusqu'à un certain point ; mais ce qui ne se comprend pas, c'est que des hommes sérieux ajoutent de l'importance à faire venir de la capitale des vêtements, des meubles et jusqu'à des mets de table! Ainsi, les Périgourdins seront bientôt habitués à faire venir de Paris des dindes truffées ; de même des Limousins pour la porcelaine; des Creusois pour les tapisseries; c'est-à-dire que la sottise des gens fera que les producteurs et les fabricants seront obligés d'envoyer leurs produits à Paris pour mieux les vendre ensuite à leurs propres compatriotes (1).

Si les clients et consommateurs étaient plus sensés, la plupart des bons ouvriers resteraient dans les campagnes, les propriétaires et fabricants vendraient sur les lieux; on obtiendrait alors les mêmes marchandises à des conditions plus avantageuses. Espérons que les tendances capricieuses dont nous parlons ne dureront qu'un temps; nous le désirons beaucoup, dans l'intérêt des campagnes, des ouvriers et des consommateurs.

CHAPITRE XIII

Le Maire.

L'exemple du bourgeois peut influer considérablement pour ou contre l'émigration: car le paysan s'at-

---

(1) Quelques bourgeois de province refuseraient une boîte d'allumettes chimiques qui n'aurait pas été fabriquée à Paris.

tache naturellement à étudier et à imiter la conduite de ceux qu'il sait être plus instruits et plus haut placés que lui; cela est vrai surtout pour le maire, l'instituteur et le curé. Non-seulement ces hommes publics sont regardés, à juste titre, comme plus instruits; mais la mission dont la société les honore, leur donne l'autorité et leur fournit l'occasion d'agir sur les déterminations des familles d'une manière toute particulière.

Ce serait une grave erreur de penser que les maires ne peuvent rien contre la désertion des campagnes. Le maire d'une commune rurale ne connaît-il pas les familles d'une manière toute spéciale, et n'a-t-il pas avec elles des rapports journaliers? Croyez-vous qu'un maire qui userait de toute son influence de parent, d'ami, de voisin, de bon propriétaire, d'administrateur de la commune, pour dissuader de leur projet les jeunes gens et les jeunes filles qui veulent s'expatrier, croyez-vous, dis-je donc, qu'un tel maire n'arriverait pas à de bons effets? Les défaites pourraient être fort nombreuses, mais il n'en finirait pas moins par remporter quelques victoires. Ces victoires ne seraient-elles que d'une par an, qu'elles auraient suffi, dans l'espace de dix ans, à conserver plus de trois cent mille personnes aux campagnes et à l'agriculture. Supposez, au contraire, que ces maires aient contribué par leurs mauvais conseils ou leur mauvaise administration à faire partir un habitant de plus par an, il en résulte, en dix ans, une différence de près de six cent mille personnes. Sans doute, les maires ne sont pas obligés de sermonner leurs administrés; mais remarquez bien qu'il ne s'agit pas ici d'une obligation légale, mais uniquement d'un office de bonne volonté de la part d'un homme qui s'intéresse au bien public. Quel citoyen doit s'intéresser plus au bien commun que le maire, constitué par la société père et protecteur de tous les habitants de sa commune? Du reste, pour exercer une influence favorable contre la désertion des campagnes, le maire n'aurait besoin de donner des conseils qu'au moment où l'occasion se présente naturellement, et surtout quand on vient lui parler des livrets et des certificats qu'il devra délivrer.

Nous appelons l'attention de tous les maires des communes rurales sur les considérations frappantes adressées par M. le préfet des Basses-Pyrénées aux maires de son département, par rapport à ceux de ses administrés qui émigrent dans les pays étrangers :

« A divers reprises, dit M. le préfet, l'administration
« a dû appeler votre attention sur les résultats fàcheux
« que produit dans ce département l'émigration tou-
« jours croissante de la population valide de nos cam-
« pagnes vers l'Amérique du sud.

« Vainement mes prédécesseurs, secondés par vos
« efforts, ont tenté d'arrêter ce courant; nos cultiva-
« teurs, trompés par les brillantes promesses qui leur

10.

« sont faites ; séduits par les récits, trop souvent
« mensongers, d'une fortune rapidement acquise ;
« entraînés par l'exemple des rares privilégiés rentrant
« au pays avec une certaine aisance, abandonnent une
« existence que le travail pourrait rendre facile et
« heureuse pour aller chercher au loin les déceptions
« et la misère.

« On ne peut, sans porter atteinte à la liberté in-
« dividuelle, mettre un terme à ce fatal entraînement
« par des mesures coërcitives. Mais le devoir qui
« vous incombe à tous, c'est d'éclairer les populations
« sur leurs véritables intérêts, de faire en sorte qu'on
« n'abuse pas de leur crédulité, qu'on n'exploite pas
« une situation de gêne passagère ; c'est de leur rap-
« peler combien d'émigrants, après une vie d'épreuves
« et de souffrances, sont morts découragés après
« avoir vainement tenté de revenir vers la France ;
« c'est, enfin, de surveiller avec l'attention la plus
« scrupuleuse la conduite des agents de l'émigration,
« et d'empêcher qu'une institution qui a été autorisée
« par le gouvernement pour assurer le bien-être des
« émigrants, ne soit détournée de son véritable but.

« Joignez donc vos efforts aux miens, messieurs,
« pour faire comprendre à vos administrés les incon-
« vénients et les dangers de l'émigration. Usez de
« tous les moyens de persuasion et d'influence dont
« vous pouvez disposer pour les attacher au sol qui

« les a vus naître ; montrez-leur que là est pour eux
« la plus sûre garantie de bonheur, puisque, par leur
« travail, ils peuvent acquérir, sinon la fortune illu-
« soire qu'on leur promet sur des plages lointaines,
« au moins une aisance honnête qui leur permette de
« vivre et de mourir dans leur patrie, au milieu de
« leur famille, et de remplir ainsi leurs devoirs de fils
« et de citoyen. »

Un moyen naturel, avons-nous dit, d'arrêter la trop grande affluence dans les villes, c'est de faire aimer la campagne par ceux qui l'habitent, c'est d'y augmenter les agréments, le bien-être, le travail, l'animation par les améliorations utiles. Mais n'est-ce pas aux maires et aux conseillers municipaux à procurer les améliorations ? Pourquoi sont-ils nommés par le gouvernement et les communes, si ce n'est pour veiller aux intérêts publics ? Quiconque se croit incapable de répondre par ses lumières et son dévouement à ce noble appel, doit décliner sans tergiversation les honneurs d'une dignité dont il ne peut remplir les charges.

Bon nombre de maires ont de graves reproches à se faire à l'égard des améliorations communales ; un peu de zèle de leur part aurait suffi pour opérer des transformations utiles. La demeure du curé et celle de l'instituteur doivent être, comme le faisait observer tout récemment M. le ministre de l'instruction publique, le modèle de toutes les autres habitations de la commune, pour la salubrité, la convenance et le bon goût. Que peut-on penser de certaines localités, si l'on juge des habitations par les modèles ?

Il n'est pas de maire négligent qui ne prétexte, pour excuser son apathie, qu'il lui répugne de faire imposèr sa commune, qui est si pauvre l Si vous êtes, répondrai-je à de tels administrateurs, sincèrement attachés à la prospérité de vos administrés, faites en sorte, par vos mesures et vos conseils, que ces administrés fréquentent moins les cabarets et soient moins zélés pour les procès ; le quart des économies qui en résulteront pour eux, pendant dix ans, sera plus que suffisant pour subvenir aux charges dont nous parlons : car il en est plusieurs dont le surcroît d'impôt ne serait que de dix francs, et qui, pourtant, dépensent plus de cent francs chez les cafetiers, avocats ou huissiers.

Du reste, lorsqu'un contribuable ne doit payer que cinq ou six francs pendant quelques années pour avoir des chemins praticables et des voies publiques convenables, un pareil impôt est pour lui un bénéfice plutôt qu'un fardeau. Cela est d'autant plus vrai, que cet impôt sert à obtenir des subventions considérables, et que les ouvriers de l'endroit, n'ayant plus à se plaindre du manque de travail, laissent dans la localité les bénéfices de consommation qu'ils auraient été obligés de porter ailleurs. Oui, quand il s'agit d'impôts utiles et fructueux, on a tort de remercier les maires et les conseillers qui les repoussent ; ces hommes publics, au contraire, ont manqué à leur devoir, car leur mission les oblige à rechercher ce qui est le plus utile au bien de tous.

L'expérience est là pour attester que les émigrations ont lieu principalement dans les pays arriérés, là où les autorités locales, s'en tenant à la routine du pays, repoussent toute amélioration communale qui aurait pour but de donner du travail aux ouvriers, d'embellir l'endroit, de faciliter les communications et le commerce, d'inspirer aux particuliers l'amour des embellissements et des réparations. Il en est des communes comme des particuliers : pour bien gérer ses affaires, il faut savoir *dépenser un sou pour en gagner vingt*. Je connais une commune qui pourrait obtenir les améliorations les plus utiles et les plus importantes : les dépenses à faire sont de trente mille francs ; le gouvernement devant donner au moins un tiers, il ne reste plus que vingt mille francs, somme à laquelle des souscripteurs intéressés consentent à contribuer pour quinze mille francs. Le conseil municipal, tout en convenant des précieux effets des améliorations projetées, refuse un impôt annuel de cinq cents francs pendant dix ans. Ainsi, sans parler des grands avantages que la commune retirerait des améliorations, cette commune préfère renoncer à une consommation de trente mille francs qui resteraient dans la localité, que de consentir au sacrifice que nous venons d'indiquer. Évidemment, ces conseillers ne comprennent pas et servent mal les intérêts qui leur sont confiés. Pourtant, quoi de plus commun, dans certains départements arriérés, que des maires et des conseillers municipaux de cette espèce?

Le choix des maires importe donc beaucoup plus qu'on ne le pense communément à la prospérité des campagnes, et par cela même à l'affaiblissement du mal que nous combattons. Pour rendre les maires plus dévoués aux intérêts de leur commune, il serait bon, dit-on, de faire dépendre leur nomination du suffrage universel, comme cela se pratique pour les députés, les conseillers généraux et municipaux. Cette mesure, nous en sommes persuadé, serait de nature à stimuler les maires des communes où les habitants sentent le besoin d'avancer dans le progrès; mais il n'en serait pas de même en bien d'autres endroits, et principalement dans les localités les plus arriérées. Combien de communes, en effet, où les paysans ne savent apprécier qu'une seule qualité dans les hommes publics, celle de ne pas augmenter les impositions? Celui-là donc réunirait leurs suffrages, qui les mériterait le moins en réalité, c'est-à-dire, celui qui, pour ne pas déplaire à ses électeurs et se donner le moins possible de préoccupations, ne se déciderait jamais à prendre l'initiative d'une amélioration importante. Avant d'abandonner une pareille prérogative aux paysans de nos communes arriérées, il est donc bon de leur apprendre à en user avec intelligence. Observons-leur que le premier devoir d'une administration communale consiste à réaliser des améliorations utiles; tâchons de leur faire comprendre que lorsqu'il s'agit de ces sortes d'améliorations, les dépenses non exagérées sont le moyen le plus naturel et le plus court d'arriver à la fortune.

Puisque l'administration supérieure est chargée du choix des maires, il serait à désirer qu'elle prît toutes les précautions possibles pour ne confier les charges de cette dignité qu'à des hommes recommandables à tous égards, à des hommes qui fussent disposés à placer les intérêts publics au-dessus des intérêts privés. Souvent, un médecin, un notaire, un négociant n'acceptent la place de maire que dans le seul but de pouvoir mieux enlever la clientèle de leur confrère. C'est là un grand malheur : car un tel maire, tenant par-dessus tout à ne pas déplaire à ses clients, se croit obligé de renoncer à toutes les mesures de bien public qui pourraient froisser les intérêts ou les préjugés de l'un d'entre eux. A mon avis, tout homme d'état qui est obligé de ménager une clientèle pour gérer ses affaires, ne devrait être appelé à la dignité de maire que lorsqu'elle ne peut, d'aucune manière, être confiée à des hommes indépendants.

⸺◦●◦⸺

CHAPITRE XIV

L'Instituteur.

En instituant une école par commune rurale, la société a entendu par cela même poser un remède efficace contre la désertion des campagnes. C'est comme si elle avait dit à nos villageois : « Parmi les biens que « vous pouvez aller chercher dans les villes, le plus « utile à tous indistinctement, c'est l'instruction né- « cessaire pour remplir vos devoirs avec plus d'intel- « ligence et de facilité. Eh bien ! pour ne plus obliger « vos enfants à quitter le foyer domestique et s'expo- « ser à prendre, dans les villes, des goûts qui ne s'ac- « corderaient pas avec leurs obligations, je vais placer « une école à vos portes ; chaque bourgade sera dotée « de la présence d'un instituteur. »

La plupart des conseils généraux ont imposé aux instituteurs l'obligation d'enseigner aux enfants quelques notions d'agriculture. Quoique cette mesure ait rarement pour effet de former des savants, elle est néanmoins de nature à obtenir des résultats très-favorables aux intérêts ruraux et agricoles : comprendre l'agriculture dans les matières d'enseignement, c'est la relever aux yeux de bien des gens, contre des préjugés humiliants; c'est en inspirer aux enfants une plus haute idée qu'ils n'en avaient; c'est leur donner à entendre que celui qui sait lire et écrire, peut encore cultiver les champs sans se déshonorer auprès de ses concitoyens; c'est, de plus, porter leur attention, leur curiosité et leur zèle sur les occupations qui sont celles de leurs pères, et qu'ils seront appelés eux-mêmes à remplir bientôt. Tous ces résultats, croyons-le, ne sont pas les moins importants dans la mission de l'instituteur des campagnes.

Remarquez, en effet, que l'instituteur n'est pas appelé à former des bacheliers, mais bien d'honnêtes pères de familles et des cultivateurs zélés : tous ceux qui sentent le besoin d'une instruction plus élevée, pour occuper des emplois, vont fréquenter les collèges des petites ou grandes cités. L'instituteur doit s'appliquer, par-dessus tout, à donner une éducation appropriée aux obligations que devront remplir ceux qui sont confiés à ses soins : éducation qui consiste principalement à former à la pratique des vertus religieuses et morales. Ici, l'éducation la plus parfaite est celle qui tend le plus à augmenter dans le cœur de chacun l'amour qu'il doit éprouver pour sa religion son pays, ses parents et ses occupations habituelles.

Pour être un fort rempart contre la désertion des campagnes, l'instituteur n'a donc pas besoin de se creuser le cerveau dans le but d'inventer des méthodes nouvelles et d'adresser de belles harangues; il n'a qu'une chose à faire : s'acquitter fidèlement et consciencieusement des devoirs de son état. Nous pouvons dire, alors, qu'il est une force réelle contre l'esprit d'émigration, et qu'il remplit aux yeux de Dieu et de la société, la mission la plus noble, la plus grande et la plus utile.

Ce serait un tort grave d'apprécier l'importance d'une place par la quantité du traitement qu'elle donne; s'il en était ainsi, la position sociale d'un bourreau serait bien plus haute que celle d'un président de tribunal; et la place de banquier bien plus honorable que celle de conseiller d'État. Ah! sans doute, les vertus patriotiques ne sont pas en grand honneur dans notre siècle! la préférence leur est souvent ravie par l'appât du gain; les positions lucratives sont bien plus recherchées que celles qui le sont moins. Soyons persuadés, néanmoins, que tous les feux sacrés ne sont pas éteints; il y a encore, croyons-le, des âmes assez nobles pour savoir apprécier la valeur des emplois au degré des services rendus à la société, et non à la quantité du traitement prélevé! Ces âmes ont une très-haute idée de la mission honorable que remplit le maître d'école, parce que ce fonctionnaire est appelé à façonner ce qu'il y a de plus grand et de plus précieux dans la nature créée; sa sa mission s'exerce sur les intelligences.

C'est pourquoi, les jeunes gens qui s'imagineraient être dégagés de tout lien envers leur maître d'école quand ils ont soldé une rétribution de 15 francs par an, passeraient pour des hommes sans esprit et sans cœur. S'il est impossible à l'État d'élever le traitement de l'instituteur au niveau de sa charge; au moins, que notre estime et notre reconnaissance ne lui fassent pas défaut. Ce sont surtout les maires et les curés qui peuvent alléger le fardeau de l'instituteur bien intentionné, en se constituant plutôt ses amis que ses détracteurs. Souvenons-nous bien que les préoccupations et les sacrifices n'ont que la moitié de leur intensité quand celui qui les supporte peut recevoir des consolations et des encouragements de la part de ses protecteurs naturels.

Il s'agit ici des instituteurs qui remplissent leur mission avec zèle et amour, et non de ceux qui ne conservent cette position que parce qu'ils ne peuvent faire autrement. Dans ce dernier cas, ce n'est pas une mission sociale que l'on entend remplir; c'est simplement un métier que l'on veut exercer. Les instituteurs qui n'ont pas la conscience de leur mission rendraient un grand service aux campagnes en cédant leur place à d'autres plus zélés, qui n'auraient

qu'à obéir aux plus pures inspirations de leur cœur
pour exciter, chez les enfants, de hautes idées sur le
séjour des campagnes et la culture des champs.

Pour augmenter l'attachement des habitants des
campagnes à leur pays, il ne suffirait pas à l'instituteur de proclamer, de vanter les bienfaits de l'agriculture, ni même d'inculquer aux enfants quelques
notions agricoles, il doit avant tout prouver par chacune de ses paroles et chacun de ses actes, qu'il
sait apprécier les bienfaits de l'habitation des campagnes, et que l'instruction qu'il a en plus sur les
autres ne sert qu'à lui faire aimer davantage tout
ce qui touche au progrès agricole. Malheureusement,
c'est un fait connu de tous, que la plupart des instituteurs n'embrassent cette carrière que dans le seul
but de s'exonérer du service militaire, avec l'intention
bien arrêtée d'embrasser une autre profession, une
fois qu'ils auront rempli leur engagement décennal.
Cette conviction ne contribue pas peu à détacher les
villageois des travaux agricoles, pour leur faire désirer
l'habitation des villes.

A mes yeux, un instituteur raisonne très-mal quand
il dit : « Tel condisciple occupe à Paris ou à Lyon un
poste de trois mille francs, tandis que je n'ai que sept
à huit cents francs ; ce condisciple est donc trois ou
quatre fois plus riche et plus heureux que moi. » Ob-
servons d'abord qu'il y a très-peu d'instituteurs qui

soient réduits au traitement de sept cents francs :
la plupart d'entre eux sont chantres à l'église ou
secrétaires à la mairie ; ajoutons que l'instituteur
jouit gratuitement d'un jardin et d'une maison meu-
blée, et qu'il faudrait à son condisciple de Paris
ou de Lyon la moitié de son traitement pour obtenir
un pareil avantage (1). Quand l'instituteur ne peut
pas compter sur un excédant de rétribution scolaire,
il peut au moins compter sur quelques libéralités
de la part des bons propriétaires de la commune ; le
condisciple en est réduit, d'une manière absolue, à
son traitement de trois mille francs. L'instituteur de
campagne, sans se rendre ridicule aux yeux de ses
concitoyens, dépense fort peu pour sa mise et son
manger ; il n'en est pas de même du condisciple en
question. Non-seulement cet employé dépense quatre
fois plus que l'instituteur pour son entretien et celui
de sa famille ; mais ne pouvant vivre continuellement
dans l'isolement, il est tenu à bien des dépenses qui
sont inconnues chez nous. Somme totale, l'instituteur
de campagne est beaucoup mieux partagé que le
fonctionnaire, ou tout autre employé qui reçoit un traitement de trois mille francs dans une grande ville.

(1) Une récente circulaire de M. le ministre de l'Instruction
publique prescrit les moyens de mettre à la disposition des
instituteurs un mobilier convenable, acheté aux frais de la
commune et de l'État.

C'est pourquoi, si nous voyons très-peu d'instituteurs faire des dettes et se ruiner complétement, il n'en est pas de même des employés de trois mille francs, lorsqu'ils ont à leur charge comme l'instituteur, une femme et des enfants.

Si nous tenons ce langage, ce n'est pas que nous repoussions de nouvelles améliorations dans la position des instituteurs ; mais nous tiendrions, dans l'intérêt des campagnes, à leur persuader qu'ils ne sont pas si mal partagés qu'ils le pensent communément. Si l'instituteur pouvait se reconnaitre aussi heureux que l'employé des villes, il parlerait moins souvent des prétendus avantages de l'émigration ; il s'attacherait davantage au pays qu'il habite, et se sentirait par cela même plus de zèle et d'amour pour la pénible mais honorable et importante mission qu'il remplit. Les paysans qui ont les yeux fixés sur lui, pousseraient bien moins leurs enfants à quitter la charrue pour aller chercher une place dans quelque ville.

Quoique nous engagions beaucoup les instituteurs à embrasser et à conserver leur position par zèle et amour, nous n'en désirerions pas moins que l'État fît disparaître une lacune regrettable, la seule qui contribue à décourager les instituteurs et à leur inspirer le désir d'embrasser une autre carrière après leur engagement décennal. Puisqu'on tient à placer des instituteurs dans toutes les communes, afin de faciliter la propagation de l'instruction, il est de rigueur que l'instituteur de la plus petite localité soit abrité contre les plus légitimes et les plus indispensables besoins de la vie ; mais il est fâcheux que l'instituteur qui compte cent élèves ne soit pas mieux rétribué que celui qui n'en a que quatre ou cinq pendant la plus grande partie de l'année. Je sais que l'excédant de la rétribution scolaire est à son bénéfice ; mais cet excédant n'est-il pas très-souvent insignifiant, vu le nombre des enfants admis gratuitement ?

Il serait donc très-sage et très-utile de créer une hiérarchie dans ce corps, afin d'y rendre l'avancement possible et même facile. S'il en était ainsi, l'instituteur désirerait l'avancement au lieu de désirer une place différente de celle qu'il occupe ; de plus, l'espoir de voir ses mérites récompensés par un avancement, l'engagerait à redoubler de zèle pour tous les devoirs de sa mission (1).

Il nous semble aussi que dans les admissions aux écoles normales, les départements devraient porter de préférence leur choix sur les jeunes gens qui viennent des campagnes. Il est presque impossible au jeune

____

(1) Cette hiérarchie existe d'une certaine manière depuis quelques années : car il y a des traitements de diverses catégories ; mais il faut convenir que le nombre des avancements possibles n'est nullement en rapport avec celui des instituteurs.

homme, né dans une ville, de se trouver satisfait d'une place d'instituteur dans une commune rurale : le besoin peut lui faire embrasser cette carrière ; mais, tôt ou tard, une pareille position ne lui paraît que méprisable et indigne de ses talents. Il n'en est pas de même de celui qui est né et a vécu à la campagne : celui-ci, ayant pour père et pour frères, des agriculteurs obligés de supporter, chaque jour, les fatigues d'un travail pénible, se regarde naturellement comme bien heureux en comparaison de ce qu'il aurait fait s'il n'était pas instituteur. Non-seulement cet instituteur n'a pas de peine à s'habituer dans une commune rurale, mais connaissant dans tous leurs détails les occupations journalières du paysan, il aime à s'entretenir avec lui de tout ce qui tient à l'agriculture ; sa parole devient pour le cultivateur, une consolation, un encouragement, un bon conseil.. Cette connaissance, cet amour des travaux agricoles chez l'instituteur, valent bien mieux pour l'attachement général aux campagnes, que toutes les méthodes qu'il pourrait enseigner aux enfants de son école. Pour ce qui concerne les bonnes habitudes des populations, l'instituteur exerce souvent plus d'influence par ses propres habitudes et inclinations, que par les conseils qu'il peut donner en classe à des enfants de cinq, six, sept, huit et neuf ans.

CHAPITRE XV

Le Curé.

De tout temps on a dit de l'ambition, qu'elle perd la plupart des hommes qui obéissent à ses caprices; rien de plus vrai, surtout pour ce qui tient à la désertion des campagnes. Si les banqueroutes, les prisons, les suicides, etc., déshonorent tant de familles parmi celles qui ont quitté leur pays, c'est à l'excès d'orgueil que nous devons en attribuer la première cause. C'est précisément pour n'avoir pas su apprécier le bonheur de son sort, et avoir voulu monter trop rapidement, que tel individu s'est précipité dans la plus honteuse misère. Eh bien! la religion seule peut apprendre à l'homme à se contenter de ce qu'il a; elle seule peut modérer les instincts et les passions; elle seule peut inspirer l'amour du travail et donner le bonheur aux classes ouvrières de nos campagnes. Dire que la religion seule peut nous faire aimer ce qui est le plus utile en réalité et le plus humble en apparence, n'est-ce pas dire par cela même, que le curé est le grand apôtre de l'attachement aux campagnes et à la culture des champs?

Ceux qui n'ont jamais habité que les villes ne peuvent avoir une idée exacte de l'influence exercée par le curé des campagnes sur ses paroissiens. Ce pasteur parle du haut de la chaire comme un père de famille parlerait à ses enfants ; connaissant le nom, les besoins, les tendances de chacun d'eux, il leur adresse des conseils pour toutes les circonstances de la vie. Les détails minutieux et pratiques dans lesquels il entre pourraient étonner, je dirai même froisser les oreilles d'un citadin ; mais ils'n'en sont que plus frappants et plus efficaces sur le cœur de ses bons paroissiens.

Quels sont, en général, ceux qui, méprisant la profession de leur père, abandonnent les campagnes pour se réfugier dans une grande ville ? A part les ouvriers qui manquent de travail, les autres émigrants ne sont guère que des ambitieux qui rêvent la fortune, des époux qui font mauvais ménage, des débauchés qui ont dissipé leur patrimoine, des gens, en un mot, qui n'ont plus le courage de se bien comporter. Si le nombre de ces hommes est déjà si grand, que ne serait-il pas sans l'influence du sentiment religieux ? que ne serait-il pas sans les bons conseils du pasteur des paroisses ? Dans les communes rurales du Limousin, les émigrations sont malheureusement trop communes ; mais nous pouvons assurer en toute sûreté de conscience, qu'elles le seraient deux fois plus si le sentiment religieux n'agissait fortement sur les déterminations de la plupart des familles. Combien

de pères et surtout de mères consentiraient au dé
part de leurs filles, s'ils n'avaient appris de leur
bon pasteur, que ces émigrations offrent de graves
dangers pour les intérêts les plus sacrés des jeunes
personnes? Toutes les fois qu'un émigrant ou une émi-
grante revient au pays avec une belle toilette et
quelques pièces d'or, tous ses compatriotes du même
âge brûlent du désir de l'imiter. Que fait alors le
pasteur qui s'intéresse sincèrement au bonheur des
familles? Il s'empresse de leur faire observer 1° que
tout ce qui reluit n'est pas or; 2° que la pratique des
vertus chrétiennes est préférable, même en ce monde,
à la possession de quelques pièces d'argent; 3° que
si un émigrant a réussi, cent autres croupissent dans
l'humiliation et la misère, et que, par conséquent, il ne
serait pas logique de ne s'attacher qu'à la plus petite
surface du tableau. Des considérations si justes et si
palpables peuvent bien être méprisées par un certain
nombre, mais il ne peut en être de même de toutes
les familles, et surtout des familles vraiment chrétiennes.

Le curé de campagne qui voudrait sortir de ses attri
butions pour se mêler de ce qui ne le regarde pas, pourrait rencontrer des obstacles et des inconvénients; mais
il n'en sera jamais de même quand le désir du bien
le poussera à inspirer de bons sentiments à ses paroissiens. Sans doute, il y a partout des esprits mal-

intentionnés qui ne voient qu'avec peine le bien s'opérer par l'influence religieuse ; mais ces esprits étant
clair-semés, l'opinion publique les confond et les méprise, alors qu'elle est intimement convaincue de la
pureté de nos intentions.

D'où vient que le ministère des prêtres est si souvent
stérile dans les grandes cités? Cela vient de ce que
le prêtre n'y étant connu que par les calomnies de
certains journaux, ne rencontre partout que préjugés
et préventions à son égard. A la campagne, la calomnie
ne peut guère avoir de prise, parce que la vie et les
habitudes du prêtre sont étudiées et connues jusque
dans leurs moindres détails; nos paroissiens qui lisent
de mauvais livres ou de mauvais journaux, se disent :
« Tous les prêtres ne sont pas comme notre curé ; s'ils
« lui ressemblaient, la religion exercerait bien plus
« d'empire sur les âmes. » Ne pouvant s'empêcher
d'estimer son pasteur, l'impie s'imagine que les autres
prêtres, qu'il ne connaît que par la calomnie, ne lui
ressemblent en rien sous le rapport des bons sentiments. Cette influence que le curé de campagne exerce
naturellement sur chaque famille de sa paroisse, il
doit tenir à l'exercer contre le mal de l'émigration :
c'est un des moyens les plus sûrs de sauvegarder
les mœurs et le bien-être de ceux qu'il appelle ses
enfants.

Certains curés, nous a-t-on dit, pénétrés de l'importance de cette tâche, alarmés du mal engendré, chaque jour, dans leur paroisse, par une émigration croissante, se sont déterminés à acquérir des terrains incultes pour retenir au pays les ouvriers qui manquaient de travail, et encourager les autres propriétaires à suivre leur exemple dans l'amour des améliorations. Cet élan généreux a obtenu, je le sais, de très-bons résultats dans quelques paroisses qui avaient besoin pour se réformer, d'un pareil coup d'état. Malgré cela, nous sommes loin de conseiller à nos confrères de recourir à un tel procédé. Les fidèles ont du prêtre une idée si haute, qu'ils n'aiment pas à le voir dans les combinaisons matérielles ; à cet égard, les impies sont encore plus difficiles et plus susceptibles que les bons chrétiens.

Il arrive donc qu'on interprète les intentions du curé plus souvent en mauvaise qu'en bonne part ; la population finit par être moins respectueuse envers son pasteur, que si elle ne l'avait jamais vu qu'à l'autel et au confessionnal. Nous croyons qu'il est plus sage de s'en tenir aux exhortations et aux bons conseils ; c'est le moyen de conserver plus d'indépendance, plus de dignité et plus d'influence pour la direction des âmes.

Nous avons dit ailleurs que pour enlever tout motif raisonnable à l'émigration, il était nécessaire d'abriter le pauvre des campagnes contre la misère et l'abandon. Sur ce point, le curé est appelé à exercer une mission toute spéciale : car étant reconnu pour le père des pauvres, c'est à lui que s'adressent de préférence les malheureux et surtout les pauvres honteux, auxquels il serait pénible d'avouer à tout autre leurs peines et leur misères. Lui seul, du reste, est en état d'associer d'une manière efficace, la consolation morale au secours matériel qu'il apporte.

Si le desservant, comme nous l'avons dit dans notre livre des *Retraites du Clergé*, était assuré, par une modique pension de retraite, de n'être pas condamné lui-même aux souffrances et aux humiliations de la misère pendant les jours de ses infirmités, il pourrait, chaque année, sacrifier jusqu'à sa dernière obole pour faire du bien aux pauvres de sa paroisse; malheureusement il est obligé de conserver une poire pour la soif quand cela lui est possible (1). Il doit donc recourir aux âmes charitables pour trouver les ressources nécessaires. C'est à lui de faire connaître les plus nécessiteux, de désigner aux principaux de la commune ceux qui ont besoin d'être conduits à l'hospice de la ville voisine : le curé de

---

(1) La commission nommée par le gouvernement pour étudier notre projet des retraites ecclésiastiques, s'étant prononcée favorablement après un mûr examen, le clergé inférieur n'a plus à attendre que l'adhésion du corps législatif.

campagne est par position et par devoir, l'instigateur et
le protecteur de tout ce qui tend à soulager la misère.
Il n'a qu'à remplir fidèlement sa mission pour faciliter
tout ce qui peut combattre l'émigration (1).

Nous avons dit ailleurs que la religion seule pouvait donner la pureté des mœurs et la paix dans les
familles. Ne devons-nous pas dire aussi que cette
même religion donne aux campagnes la vie, le progrès et le bonheur? Que seraient les campagnes sans
la réunion du dimanche, sans la présence du prêtre
qui les convoque tous au même jour ? Nos villageois
ne connaîtraient pas de temps déterminé pour le
repos ; ils ne penseraient jamais à se recueillir en
eux-mêmes pour se repentir des torts qu'ils ont commis envers Dieu et leurs frères ; ce ne seraient plus
les hommes bons, honnêtes que nous connaissons ;
ce seraient des êtres, qui auraient tous les mauvais
instincts de l'homme sans avoir les qualités dévelop-
pées par la civilisation. Dans bien des contrées, le

(1) Autrefois, le curé faisait partie, de droit, du bureau de
bienfaisance. On ne comprend pas comment le gouvernement de juillet a pu lui enlever cette prérogative. Certainement, la plupart des curés n'en sont pas moins appelés par
le choix à en faire partie ; mais il me semble que le curé
étant le plus grand protecteur de la misère par la nature
même de la mission qu'il remplit, devrait, en vertu de son
titre, faire partie de tout ce qui est destiné à soulager les
pauvres.

paysan serait un vrai barbare, s'il n'était pas animé des sentiments religieux.

Non, sans l'influence bienfaisante du culte religieux, les populations rurales n'auraient aucune des bonnes qualités qui les distinguent. Dans moins de dix ans, ces populations seraient devenues grossières jusqu'à la stupidité, égoïstes jusqu'à la rapine; au lieu de garder et de recueillir comme elles le font, tout ce qu'il y a de plus modéré et de plus doux dans la société, les campagnes seraient de vrais repaires de brigands, d'où seraient forcés de s'exiler tous les honnêtes gens. Nous avons donc mille fois raison de le proclamer : la mission du prêtre est par elle-même une mission toute propice au bonheur des campagnes; le pasteur des paroisses n'userait-il pas des nombreux moyens qui sont en son pouvoir pour arrêter l'émigration, qu'il serait par la nature même de sa mission, le centre vivant de tous les remèdes.

On signale souvent nos familles des campagnes comme des modèles d'union, de fidélité, de résignation, etc., tandis que les statistiques judiciaires accusent, pour les villes, un prodigieux accroissement dans les séparations, infanticides, suicides, etc. A quoi tient cette supériorité si marquante et si précieuse au point de vue social, si ce n'est à l'efficacité du ministère religieux dans les paroisses ? Les émigrations sont malheureusement trop fréquentes:

mais elles le seraient encore plus, si les villageois n'étaient formés à la concorde et à la résignation. Les familles de nos propriétaires, de nos colons sont généralement fort nombreuses par la réunion des membres qui les composent ; mais c'est à la religion et à la religion seule qu'on le doit.

Oh ! si nous connaissions tout ce qui se passe dans les familles, nous saurions que le prêtre, par ses conseils, son dévouement et ses petits services, a sauvé bien des paroissiens contre la misère et le désespoir ! Nous saurions que son esprit de charité a ramené à l'union bien des membres de famille, qui auraient quitté le pays pour se séparer de ceux dont ils croyaient avoir à se plaindre ! Cela est encore plus vrai quand le curé est un de ceux qui savent conquérir l'estime de leurs paroissiens, par une connaissance exacte de la vie humaine : car, de nos jours, il ne suffit pas pour faire le bien, de commenter en chaire les textes de l'Ecriture sainte et des Pères de l'Eglise.

Le pasteur est par sa conduite même, le modèle le plus vivant de l'attachement au pays des campagnes. Si quelqu'un méprise son pays en demandant à s'en éloigner par ambition, ce n'est jamais le prêtre. Tous ceux qui connaissent intimement le curé des campagnes, savent qu'il est tout heureux de considérer ses paroissiens comme des enfants dont il lui serait pénible de se séparer ; c'est pourquoi, ce bon pasteur considère sa paroisse comme une épouse dont il ne veut s'éloigner qu'au moment des infirmités (1).

« Le vrai propagateur du sage progrès en agriculture, dit M. Isabeau, c'est le curé; tout conseil utile émané du presbytère est bien accueilli à la ferme. Ce n'est plus pour le cultivateur un monsieur de la ville, étranger à la vie des champs, venant se poser comme son supérieur, prétendant leur enseigner ce que le fermier connaît le plus souvent mieux que lui; c'est le pasteur de son village, celui auquel il ouvre son cœur au tribunal de la pénitence, celui qui sait lui épargner une maladie par de bons conseils d'hygiène, un procès par de sages avis sur les affaires. »

« De nos jours, il n'est presque plus un curé de paroisse rurale qui ne se soit pas tenu au courant des progrès de l'agriculture contemporaine; il n'en est pas qui ne comprenne combien il est utile au bon

(1) Notre siècle a fait un grand mal à la religion et à l'État, en enlevant aux desservants l'inamovibilité qu'ils tenaient de l'Église, depuis les premiers siècles du christianisme. Si les pasteurs des paroisses étaient comme autrefois, et comme aujourd'hui les curés de canton, *inamovibles*, c'est-à-dire, ne pouvant être changés qu'après un examen et un jugement, les paroissiens mal intentionnés seraient bien moins tracassiers à leur égard, et les mauvais journaux n'auraient aucun prétexte pour accuser certains évêques de multiplier par les choix et les changements humiliants, le nombre des adulateurs et des hypocrites.

ordre et aux bonnes mœurs de retenir la population rurale dans les campagnes, de l'arrêter sur cette pente glissante où elle se laisse entraîner pour venir dans les villes encombrer les avenues de toutes les carrières industrielles, ou se perdre dans l'ingrate et dangereuse carrière de la domesticité. »

CHAPITRE XVI

Les simples particuliers.

Sur cette question comme sur bien d'autres, bon nombre de particuliers sont victimes d'une illusion grave. A leurs yeux, il suffit de n'être que simple particulier pour être dégagé de toute obligation sociale. Comment ! votre frère sera sur le point de tomber dans l'eau, sa maison sera livrée aux flammes, les soldats attaqueront les barricades des perturbateurs de l'ordre social ; et vous ne ferez rien pour leur porter secours, sous prétexte que vous n'êtes qu'un particulier ! Mais n'êtes-vous pas citoyen ? et qui dit citoyen, ne dit-il pas mutualité de rapports et de devoirs ?

L'État, j'en conviens, fait très-bien de donner l'élan à toutes les initiatives favorables au bien public ; mais cela veut-il dire que les particuliers aient perdu tout droit d'initiative, et soient exempts de tout devoir d'action ? Les gouvernements ne l'entendent pas ainsi ; car ils sont les premiers à se plaindre des trop nombreuses préoccupations et de la trop grande responsabilité que les sujets s'habituent à leur laisser. Du reste, l'action de la Providence n'est-elle pas plus générale et plus puissante que celle des gouvernements ? pourtant, au lieu d'anéantir l'action de l'homme, Dieu ne l'a-t-il pas posée comme condition essentielle ? La protection divine est nécessaire pour faire mûrir les moissons ; néanmoins il n'y a pas de moisson quand l'homme a négligé de préparer la terre et de répandre la semence. Il en est de l'action gouvernementale comme de l'action divine : elle est nécessaire ; mais pour être féconde en bons résultats, elle réclame la coopération des individus. Les individus qui persisteraient dans l'inertie par rapport aux vertus sociales, risqueraient beaucoup de ressembler à certains esclaves, qui, à force d'avoir été privés de la liberté, finissent par ne plus en savoir jouir.

Si quelque simple particulier semblait douter de son influence contre la désertion des campagnes, je lui dirais : pour être apôtre contre cette tendance, vous n'avez qu'à être fidèle à vos intérêts les plus chers de père de famille et de chef de maison. Comme père de famille, vous tenez à ce que vos enfants soient religieux, sages, économes, laborieux, et vous rendent, le plus longtemps possible, le respect qui est dû. Or qui veut la fin veut les moyens; c'est vous dire que vous devez imprimer de bonne heure à ces enfants l'attachement au foyer domestique, et les éloigner de tout ce qui peut leur inspirer le dégoût des occupations agricoles. Tenez-vous à leur donner une instruction plus qu'ordinaire ? Rien ne s'y oppose : car le séjour des campagnes est plus agréable et plus utile au savant qu'à l'ignorant ; mais faites en sorte que cette éducation ne tende point à faire mépriser l'agriculture, la plus importante de toutes les sciences humaines.

Si vous étiez rentier dans une ville, et que vous voulussiez bien me demander un conseil d'ami, je vous dirais : vendez vos rentes pour acheter une propriété dans les campagnes ; en voici la raison : je suppose que votre capital soit de cinquante mille francs, et que ce capital constitué par des rentes sur l'État, vous donne un revenu annuel de deux mille francs, à quatre pour cent. Vous conviendrez que dans une ville, à Paris par exemple, vos deux mille francs ne vous mènent pas bien loin : à peine trouvez-vous de quoi loger, vêtir et nourrir votre femme et vos enfants, le plus médiocrement possible. Vous me répondrez peut-être que vous pouvez trouver des combinaisons financières qui vous permettront de porter votre revenu à trois mille francs ? c'est possible ; mais, alors, il n'y a pas toujours sécurité dans les placements, ou du moins la sécurité n'est jamais celle de la propriété d'un domaine : cette dernière possession a seule le privilége de ne pas redouter les révolutions et les banqueroutes.

Du reste, votre revenu serait-il de trois mille francs, vous n'en êtes pas moins obligé de vous loger à l'étroit, et de viser à l'économie pour ce qui regarde la nourriture et l'entretien. De plus, votre capital reste aujourd'hui ce qu'il était il y a vingt ans ; je pourrai même dire que l'argent ayant perdu de sa valeur, vous êtes par le fait moins riche qu'autrefois ; votre revenu de trois mille francs ne peut plus vous procurer la même aisance qu'il vous procurait il y a vingt ans. N'en serait-il pas autrement si, à la même époque, vous aviez employé votre capital à l'achat d'une propriété ? Dans ce cas, vous auriez vécu avec plus d'aisance, et la propriété ayant augmenté considérablement de valeur, votre avoir se serait élevé à plus de 80,000 francs.

Ce que vous n'avez pas obtenu, vous pouvez l'obtenir encore, surtout si vous avez le bon esprit de faire vos acquisitions dans les départements où la culture est en retard. C'est là plutôt qu'ailleurs, que vous pourrez employer utilement vos loisirs à des améliorations ; c'est là que vous pourrez tripler les produits agricoles ; c'est là que les communications devenant désormais plus faciles, la propriété augmentera con-

sidérablement de valeur en peu de temps. Il ne peut
en être de même pour les pays déjà sillonnés par des
routes et des chemins de fer, pays où la valeur de la
propriété a déjà obtenu un accroissement de valeur,
et où il ne reste guère plus rien à faire sous le rapport
des améliorations agricoles (1).

Quelle influence vous acquiert votre titre de rentier ?
Il ne vous vaut d'autres relations que celles du notaire
et de l'agent de change. Comme propriétaire, vous
aurez des voisins et des amis ; vos colons, vos serviteurs, les ouvriers que vous occuperez seront presque
toujours pour vous, pleins de respect et de reconnaissance. Vous exercerez une influence par vos talents
et vos services ; vous serez presque le seigneur du
village. Tout cela est quelque chose ; car on a beau
dire et beau faire, on n'empêchera pas que l'homme
n'éprouve le besoin d'exercer une certaine influence
sur ses semblables. De plus si vous montrez du zèle
pour l'amélioration de votre propriété, il est probable
que votre enfant se sentira les mêmes inclinations ;
dans ce cas, les occupations agricoles lui feront éviter
bien des écueils et bien des vices, et tout fait espérer
qu'il se fera un honneur de conserver son patrimoine,

(1) Dans la plus grande partie du Limousin, la propiété rapporte de quatre à cinq, et même six pour cent. tandis que dans
les plus beaux pays de France, tels que la Brie, la Normandie, etc., c'est à peine si elle rapporte de deux à trois pour cent.

s'il ne vient pas à l'augmenter. Qui peut vous assurer qu'il en sera de même dans le cas où l'héritage que vous lui laisserez en mourant, ne sera autre chose qu'une valeur cotée à la bourse ? Nous connaissons un assez grand nombre de propriétaires qui seraient ruinés en ce moment, s'il savaient pu vendre leurs domaines comme on vend un coupon, c'est-à-dire subitement et en secret. Puisque vous travaillez dans l'intérêt de vos enfants, il est important de leur préparer de loin des préservatifs contre la misère ; vous y arriverez en leur faisant aimer la propriété et les occupations agricoles ; ces enfants pourront, comme vous, espérer un accroissement dans la valeur de la propriété, et augmenter leurs revenus annuels, par de sages améliorations.

Les motifs qui doivent engager le rentier à devenir propriétaire, font un devoir à celui qui possède déjà, de conserver son domaine. En se montrant attaché au pays des campagnes et à la conservation de sa propriété, le bourgeois laisse dans son pays les ressources qu'il aurait apportées ailleurs, et sa louable conduite ne sert pas peu à inspirer à d'autres les mêmes sentiments. L'exemple de ce bourgeois sera une véritable prédication, s'il se fait un honneur de présider lui-même à la direction des travaux agricoles : tous ceux qu'il domine par son intelligence et son savoir, se feront une gloire de l'imiter dans son attachement à la propriété, ainsi que dans son zèle pour les améliorations utiles. Que chaque bourgeois agisse de la sorte dans son village, et l'on ne tardera pas à reconnaître dans les campagnes un accroissement de bien-être, qui ne servira pas peu à diminuer le nombre des émigrants.

Quels que soient nos talents, notre fortune, notre position, pourquoi rougirions-nous de conserver la direction de nos biens? Le général Bugeaud, le général la Fayette ne se sont-ils pas fait gloire de leur profession de cultivateurs? L'Empereur lui-même ne s'est-il pas fait un devoir de constituer des fermes dans la Sologne et la Corrèze? ne croyons pas que ce soit ici une mode nouvelle : car les anciens étaient encore bien plus attachés que nous à la culture des produits agricoles. L'histoire nous fait remarquer que dans les plus beaux temps de Rome, les personnages les plus marquants et les plus célèbres se faisaient un honneur et un devoir de cultiver eux-mêmes leurs biens. Ainsi Serranus semait son champ lorsqu'il fut proclamé consul ; Curius Dentatus, ce consul que l'or des Samnites trouva incorruptible, cet homme de génie, qui, le premier, conçut la pensée de pratiquer une large excavation pour y faire passer les eaux du Vélino et les précipiter dans la Néra, quitta trois fois la charrue pour commander les armées romaines ; et le vainqueur de Pyrrhus, des Samnites et des Lucaniens reprit ses travaux rustiques après ces divers triomphes. Le messager du sénat chargé d'apprendre à Cincinnatus qu'il était nommé dictateur, le trouva nu et labourant les quatre arpents de terre qui faisaient son patrimoine. « Habille-toi, lui dit-il, pour recevoir les ordres du senat ! » Quinze jours de victoires lui suffirent pour délivrer Rome de ses ennemis, et le seizième il retourna à sa charrue. Attilius Régulus demande un congé au sénat pour venir labourer son champ, qui fait vivre sa famille, et le sénat, pour laisser Régulus à son commandement, ordonne de cultiver le champ aux frais de l'État. Les deux Scipions ensemençaient leurs terres des mêmes mains qui renversèrent les murs de Carthage.

Ce qui fait que nos bourgeois émigrants sont encore si peu empressés à revenir dans leurs propriétés pour les améliorer, c'est qu'ils n'ont jamais appris à connaître les avantages réels des occupations agricoles. Ces messieurs ne connaissent guère la campagne que par ses côtés superficiels ; c'est à peine s'ils l'habitent trois ou quatre mois par an, et cela sans se préoccuper nullement de ce qui constitue le bonheur de l'agriculteur. Ils ne savent pas apprécier les avantages de la vie agricole, parce qu'ils n'en ont pas la moindre idée : *ignoti nulla cupido.*

M. de Falloux nous dit, en effet, que s'il ne s'était jamais senti d'inclination pour les occupations agri-

coles, c'est uniquement parce qu'il n'avait pas été en état d'en apprécier les charmes. Aujourd'hui qu'il a pu les apprécier par une application de dix ans à l'amélioration de ses propriétés du bourg d'Iré, il est pleinement convaincu que c'est dans ce genre de vie que l'on peut trouver le vrai bonheur, et il croirait être grandement utile à ses amis en parvenant à leur faire imiter son exemple. « Je cède, dit-il, à la tenta-
» tion de dire à mes amis : je ne me suis pas trompé,
» et je ne vous trompe pas. La voie que j'ai suivie est
» bonne et sûre; vous pouvez vous y engager à votre
» tour, et profiter de l'expérience faite à mes risques
» et périls. Plus j'ai vécu de la vie agricole, plus j'en
» ai goûté le charme et le bienfait; j'éprouve donc à
» cette heure-ci beaucoup plus que le plaisir de ra-
» conter, j'éprouve le désir de persuader. Je voudrais
» avoir des imitateurs, et, si je parvenais à susciter
» quelque bon agriculteur de plus, je croirais avoir
» rendu à mon pays un noble et utile service.

» Mon ambition hautement avouée, voici comment
» je me flatte de la justifier et de la satisfaire; je me
» propose d'établir ici les trois points suivants :

» 1° Je n'ai pas débuté dans des conditions favo-
» rables, et tout ce que j'ai fait, chacun peut le
» faire;

» 2° Tous mes déboursés m'ont été promptement
» rendus par le terrain auquel je les avais confiés, et

» j'ai fait une affaire supérieure à la plupart des
» placements industriels ;

» 3° En paraissant se désintéresser des grandes
» luttes politiques ou sociales, l'agriculture place
» cependant ceux qui s'en occupent au premier rang
» des serviteurs et même des restaurateurs d'une so-
» ciété ébranlée. Peut-être ne m'a-t-il fallu rien moins
» que cette dernière considération pour me déterminer
» à parler, ce que quelques-uns nommeront une
» langue morte, à l'heure où tant d'événements, tant
» de périls, tant de turpitudes sollicitent ce qu'il pour-
» rait y voir de plus vivant dans la parole humaine. »

Vu le courant des idées et des tendances, nous devons regarder comme très-estimables et très-méri-
tants les riches propriétaires qui ne se sont pas laissés
ébranler dans leur attachement au pays, et préfèrent
employer leurs ressources à donner du travail aux ouvriers par des améliorations utiles, que de les dépenser dans une ville, en promenades, en bals, en spectacles, etc. Les populations rurales manqueraient à
leur devoir et à leurs intérêts les plus sacrés, si elles
oubliaient de tels hommes quand il s'agit d'élire des
députés, des conseillers généraux, etc. Un homme a
beau être riche et influent, il ne fera rien ou presque
rien pour les besoins du pays, s'il le méprise en re-
fusant de l'habiter : loin d'être utile à son pays, il le
dessert par son mauvais exemple. Si de tels hommes

avaient pour le pays qu'ils veulent représenter, l'attachement qu'ils affichent dans leur profession de foi, ils chercheraient à le prouver par l'exemple : pour bien connaître et apprécier les besoins d'un pays, il est nécessaire de l'habiter, il faut être intéressé à sa prospérité, comme propriétaire ou industriel.

Si l'administration persiste à se créer des candidats, elle rendrait un grand service aux campagnes, en favorisant de préférence l'élection des propriétaires qui s'attachent au pays qui les a vus naître, et se montrent zélés pour tout ce qui regarde la prospérité agricole; ce serait là un des moyens les plus efficaces de combattre l'esprit d'émigration. On se figure généralement, dans les campagnes, qu'un député ou un conseiller habitant la capitale, est beaucoup plus influent auprès du gouvernement, que celui qui reste fidèle à son pays. Le gouvernement aurait tout intérêt à dissiper ces préjugés; et il pourrait les dissiper facilement, en réclamant dans la concession de ses faveurs, le témoignage des autorités locales et des personnes notables du pays plutôt que celui des personnes intrigantes qui habitent Paris. A la mort du dernier conseiller général du canton de Corrèze, son panégyriste, homme des plus distingués du département, s'attacha à nous le représenter comme ayant été essentiellement l'*homme du pays*. Plût au ciel que l'on pût faire souvent des panégyriques de ce genre !

12.

C'est beaucoup que d'aimer son pays, que de conserver la propriété de ses pères, mais cela ne suffit
pas. Le propriétaire qui ne se préoccuperait nullement
d'améliorer ses biens par des assainissements, des irrigations, des défrichements, des plantations, etc., ne
nuirait pas seulement à ses intérêts; sa négligence
serait fort préjudiciable à la commune et à la société.
Une meilleure culture occuperait, je suppose, dix ouvriers de plus; voilà donc dix familles malheureuses
privées des ressources du travail. Cette propriété qui
ne produit que cent hectolitres de blé, mille quintaux
de fourrage, pourrait en rapporter deux fois plus;
c'est donc une perte réelle pour le bien-être général
des consommateurs. De tels propriétaires ne sont pas
dignes d'être rangés au nombre de ceux que nous devons honorer et admirer.

Combien de propriétaires nourrissent par des aumônes trente ou quarante familles de leurs communes,
qui ne sont pauvres que parce qu'elles manquent de
travail? Ces propriétaires servent bien mal leurs intérêts et ceux de la société. Si ces propriétaires savaient
réduire en salaires ce qu'ils donnent en aumônes,
qu'en résulterait-il? Il en résulterait que leurs revenus, augmentant sensiblement par les améliorations,
les mettraient à même de faire beaucoup plus de bien
aux classes ouvrières; il en résulterait que les familles
qui vivent d'aumône, pouvant désormais vivre de leur

travail, se sentiraient bien moins blessées dans leur dignité, et seraient moins exposées aux vices qui accompagnent ordinairement le chômage et la misère.

Les grandes améliorations ne peuvent être faites que par les riches propriétaires; mais je crois avoir déjà dit qu'il y a des améliorations possibles à tout cultivateur. Le petit propriétaire, le fermier, le métayer ont intérêt à tirer parti de tous les lambeaux de terre; ils ont tout intérêt à bien rigoler les prés, à labourer, à ensemencer et à récolter avec soin.

Signalons la mauvaise habitude que prennent quelques petits propriétaires de vouloir toujours employer le peu d'avances qui leur reste à élargir leur propriété, de quelques hectares acquis à très-chers deniers. Souvent, après s'être mis dans les dettes pour acheter une terre de convenance, ils se voient condamnés à laisser vendre tout leur bien par expropriation; n'acheteraient-ils que selon leurs ressources présentes, ils ne s'en trouvent pas moins dans le besoin quand un événement imprévu vient leur imposer des dépenses extraordinaires. Il serait plus sage, à mon avis, de s'abstenir de payer si cher une convenance, et de s'attacher uniquement à bien soigner le peu que l'on possède. Je connais quelques cultivateurs zélés qui font rapporter à leur propriété autant que d'autres qui ont deux fois plus d'étendue. Évidemment, tous les avantages sont pour les premiers, puisqu'ils perçoi-

vent autant que les seconds, et qu'ils ont en moins les
dépenses que ces derniers s'imposent pour le double
de la mise de fonds, le surplus des impôts, les frais
de clôture, de culture, etc.

C'est un devoir pour le propriétaire, disons-nous, de
ne pas s'éloigner pour toujours de son pays, et de
présider lui-même à la direction des travaux agricoles :
faire autrement, c'est prêcher le mépris de la propriété, c'est engager ses métayers et ses fermiers à
mal s'acquitter de leurs obligations. Voulons-nous,
pourtant, condamner les grands propriétaires à tenir
à leur main tous les domaines de leur propriété, et à
renvoyer leurs métayers et fermiers pour n'avoir plus
que des serviteurs à gages? Non, mille fois non. Car
ce n'est pas un mal pour une propriété d'être travaillée
par un métayer ou un fermier qui fait tout par lui-
même, avec le seul secours de sa famille : nous voulons dire simplement que le propriétaire doit se trouver souvent au milieu de ses colons, non pour les
surveiller avec méfiance, mais pour leur donner de
bons conseils, leur indiquer les améliorations à faire,
les encourager à les exécuter, en participant aux
charges comme il participera aux bénéfices. Le colon
dont le maître habite la capitale et ne porte aucun
intérêt à sa propriété, se garde bien de faire des améliorations dont il ne lui serait tenu aucun compte; il
n'en est pas de même quand le maître est toujours

présent pour lui donner les conseils, les encouragements et les fonds nécessaires. De cette manière, le
colon profite des connaissances scientifiques que son
maître a pu acquérir, et le propriétaire peut à son
tour profiter des lumières que le colon tient de l'expérience et de la connaissance des terrains. C'est là
un moyen efficace d'associer les enseignements de la
pratique à ceux de la théorie.

« Alors que de toutes parts, dit M. Brunet, président du conseil général de la Corrèze, on s'en prend
au colonage des souffrances de notre agriculture li-
mousine, et que nombre de gens autorisés, des maîtres de l'agriculture proclament que le seul moyen
de nous relever de notre infériorité, c'est de bannir
de notre sol *cette lèpre* (le mot a été dit), il est
étrange de rencontrer dans les résultats d'une de
ces luttes, où viennent rivaliser les grandes cultures
et les grandes fortunes, sinon l'apologie, tout au
moins la défense des métayers, et, dans tous les
cas, une démonstration évidente des exagérations que
commettent ceux qui accusent le colonage de tous nos
mécomptes agricoles. Telle est pourtant la chose que
j'ai à vous signaler, à propos du concours de Limoges.
Il ne s'agit ici ni d'arguments ni de théories, mais
d'un fait; et personne n'ignore combien, en toutes
matières, mais surtout en agriculture, les faits ont de
valeur.

» Pendant la distribution des primes qui a suivi le concours, un des noms le plus souvent proclamés, et toujours accueillis par des bravos unanimes qui ratifiaient d'une manière éclatante les appréciations du jury, a été celui de M. de Léobardy, propriétaire au Vignaud, commune de Lajonchère.

» La propriété de cet agriculteur distingué est située dans un des cantons de la Haute-Vienne, dont le sol est le moins riche. Elle se compose de domaines exploités de temps immémorial par des métayers ; et lorsque, il y a quelques vingt ans, M. Charles de Léobardy prit pour lui et les siens la direction de cette culture, avec la résolution de prouver qu'il n'est pas de sol infertile pour qui sait le cultiver, il crut devoir maintenir ce mode d'exploitation.

» A la même époque, et dans le même département, d'autres hommes intelligents se vouaient à l'agriculture : leur premier soin était de transformer leurs domaines en réserve. Beaucoup de ceux qui s'intéressaient au succès de l'entreprise de M. de Léobardy auraient voulu qu'il fît comme eux ; mais il jugea plus prudent de voir avant toutes choses, ce qu'on pouvait obtenir du colonage, et résolut de ne pas se séparer de métayers dont quelques-uns l'avaient vu naître et se succédaient de père en fils au service de sa famille. Il pensa, du reste, qu'il n'était pas plus difficile d'améliorer les hommes que d'améliorer la terre, de transformer un mauvais métayer en un bon cultivateur, que de convertir une lande en terre à froment, un mauvais pâturage en prairie.

» L'événement lui a donné raison.

» Au concours de Limoges, ils sont venus, ses métayers et lui, lutter contre les grands agriculteurs, les grands éleveurs de toute une région ; et, dans cette lutte, ils ont remporté tout à la fois gloire et profit.

» Quatorze primes ou mentions (dont six premiers prix) leur ont été décernées, s'élevant à un total de 2,730 fr. Ils ont reçu, en outre, sept médailles d'or, une médaille d'argent et trois de bronze. Enfin, il est arrivé qu'on s'est disputé à l'envi les animaux exposés par eux. C'était à qui leur en offrirait le plus, à qui pourrait en avoir ; et, à l'heure où je parle, ces bêtes, nées dans des étables de métayers, élevées et soignées par des métayers, exposées par des métayers, figurent au premier rang des étables les plus aristocratiques de la région.

» Dites cela à vos colons, messieurs, et dites-leur d'imiter les colons de M. de Léobardy ; mais, avant toutes choses, permettez-moi de vous donner un conseil. Ce serait d'imiter vous-mêmes le maître heureux de ces bons métayers.

» Pour arriver au point où il en est aujourd'hui,

il a fallu à cet agriculteur beaucoup de patience, de tact et d'intelligence : conditions essentielles pour obtenir des hommes ce qu'on désire d'eux.

» Son premier soin a été de s'attacher à conserver toujours les mêmes colons, et de convaincre ceux-ci qu'ils étaient chez lui, non à l'année, mais à demeure. Ce n'est pas le colonage qui est mauvais, c'est la manière dont il fonctionne, et l'un de ses plus graves abus consiste, je crois, dans la brève durée des baux qui lient le maître au colon. Comment, en effet, pourrions-nous espérer d'un colon, qu'il accepte de faire des améliorations à long terme, des travaux dont le produit ne sera appréciable que dans deux ou trois années, alors qu'il peut craindre de quitter le domaine à la Toussaint ou à la Noël prochaines ? Faisons, messieurs, autant que nous le pourrons, de longs baux avec nos colons : ce sera un progrès immense pour l'amélioration des domaines.

» Comme tous les propriétaires limousins, celui dont je parle a dû compter avec la routine, avec la défiance du paysan, avec ses habitudes d'insouciance, avec sa pauvreté, toutes choses qui entravent la bonne pratique du colonage. Il s'est attaché à les vaincre, et il y est parvenu.

» Aujourd'hui, leur confiance en leur maître est devenue telle, qu'il peut tenter avec eux toutes les expériences ; mais, au début, il en était bien autrement. Il fallait alors ne pas risquer de se tromper, avoir bien vu ce qui avait été obtenu par d'autres à l'aide des moyens nouveaux qu'on voulait tenter, être bien sûr d'avance du succès, et au moment d'agir, il fallait encore se bien garder de demander au colon de contribuer aux moindres avances ; il fallait lui promettre que, si l'expérience échouait, il n'aurait pas à supporter sa part de perte. L'expérience le tentait ainsi sans trop de résistance de sa part ; le succès arrivait, le profit avec lui ; le colon n'avait garde d'en refuser la moitié, et, l'année d'après, il était le premier à proposer la pratique qu'il avait vu « si bien réussir. »

CHAPITRE XVII

Les cabarets, les foires et les procès.

Le paysan est plus riche que jamais ; ses revenus ont doublé par l'accroissement du prix des denrées et des bestiaux, et ses dépenses n'ont subi aucune augmentation : il récolte ordinairement tout ce qui est nécessaire à sa consommation, et il a le bon sens de s'affranchir de toutes les folles dépenses de luxe et d'étiquette que la vanité impose à nos bourgeois. Cet état de choses doit être regardé comme un très-grand bien pour la prospérité générale : plus les villageois seront dans l'aisance, plus il leur sera possible de se bien faire vivre, et moins ils sentiront le besoin d'abandonner les campagnes et la culture des champs, pour se faire citadins. Par cela même que nous nous réjouissons de la bonne condition faite au paysan d'aujourd'hui, nous tenons à signaler pour les lui faire éviter, les trois grands abus qui semblent s'opposer à l'amélioration de sa position. Ces abus consistent dans la manie de vouloir trop fréquenter les foires, les cabarets et les tribunaux, comme nous allons l'expliquer dans les quelques mots qui suivent.

1.º Les foires sont utiles et même nécessaires ; mais, dans la plupart des contrées, les abus qui en résultent sont presque aussi nombreux que les bons effets. Tel paysan auquel il suffirait d'assister aux foires cinq ou six fois l'an, se fait une obligation de ne pas en manquer une seule dans son département, ou au moins dans son arrondissement. S'il va à deux cents foires, il perd deux cents journées, sans parler des fatigues qui s'ensuivent pour le lendemain, et du temps que l'on perd la veille pour faire les préparatifs. Si ce cultivateur a des domestiques et des ouvriers à diriger et à surveiller, alors, on le comprend, la perte de son temps n'est pas le seul préjudice à signaler.

N'oublions pas que le cultivateur ne va presque jamais à la foire sans dépenser une petite somme d'argent. Si économe qu'il soit, il ne peut faire moins de prendre un repas à la ville; or, on le sait, un repas pris à l'auberge, coûte trois fois plus que celui que l'on prend au foyer domestique; la dépense est encore bien plus forte si l'on se trouve en compagnie de camarades débauchés. Ne pourrait-on pas éviter tous ces inconvénients, en n'allant aux foires que très-rarement, c'est-à-dire lorsqu'on ne peut pas faire autrement?

On a raison de dire que les mauvais exemples sont contagieux : ce ne sont pas seulement les chefs de maison, les grands cultivateurs qui tiennent à ne pas manquer les foires, il en est de même des enfants, des domestiques, des ouvriers, etc. Dans les campagnes, la foire est regardée comme une fête que tous les membres de la famille doivent célébrer de temps en temps. Très-souvent des ouvriers vont à la foire pour acheter un couteau, des clous, etc. Il m'est arrivé quelquefois de leur demander pourquoi ils perdaient une journée de 1 fr. 50 c. et entreprenaient une course si fatigante, pour des futilités de ce genre? A peine avais-je fait la question, que ces ouvriers me répondaient avec une bonne foi étonnante : « Les marchands de l'endroit « nous les feraient payer trois ou quatre sous de

« plus : » Voilà donc un travailleur qui prive l'agriculture de son bras, se prive lui-même du prix d'une journée, pour économiser trente ou quarante centimes. Si cet homme est assez ami des privations pour ne pas entrer dans une auberge, il ruine sa santé en ne mangeant qu'un peu de pain sec qu'il a conservé dans sa poche pendant cinq ou six heures.

« La routine, chers amis, nous entraîne dans des abus préjudiciables. Soyons donc assez intelligents pour comprendre l'absurdité de cette routine et la nécessité d'y renoncer. Alors, ayant plus de temps pour travailler nos champs, nous les cultiverons mieux ; ces champs produiront davantage, et nous serons plus riches. Notre santé n'y gagnera pas moins que notre bourse, soit que nous allions aux foires pour fréquenter les cabarets, soit que les jours de foire, par suite de notre esprit d'économie, doivent être inscrits au nombre de nos grands jours de privations. Il en résulterait encore de très-grands avantages pour la facilité des transactions : tel acheteur qui se propose d'assister à trois ou quatre foires pendant la semaine, ne sait pas prendre une décision aux deux premières ; il en est de même du vendeur, qui se dit en lui-même : « je ne tiens pas à vendre au- « jourd'hui, car il me sera facile de vendre demain. »

2° Il n'est pas rare de voir, les jours de dimanche et de foire, des paysans trébucher, déraisonner, se quereller, s'insulter, faire, en un mot, ce qu'ils ne font jamais dans leur état normal ; plusieurs se brouillent avec leurs meilleurs amis et poussent la folie jusqu'au point de dire des insolences et de donner des coups à leur femme et autres personnes de la maison. Malheureusement, il ne se passe pas un seul jour sans que les statistiques des tribunaux n'aient à déplorer quelque délit comme conséquence d'une ivresse.

Il y a quarante ans, nos bons cultivateurs fréquentaient peut-être les cabarets, mais ils ne connaissaient pas l'entrée des cafés. Aujourd'hui, c'est pour la plupart une habitude d'aller au café en sortant du cabaret. Le mal est donc mille fois plus grave pour la bourse et la santé : non-seulement on s'enivre plus tôt avec des alcools qu'avec du vin, mais on dépense plus au café dans une heure qu'à l'auberge pendant le double du temps.

Vraiment, quand on pense que plus de cent mille cafetiers s'enrichissent eux-mêmes, après avoir enrichi le gouvernement par les droits qu'ils lui paient, aux dépens de nos bons cultivateurs, cela fait mal au cœur. On se dit en soi-même : « Si ces centaines de
» millions dépensés au détriment de la santé, avaient été
» employés par les chefs de maison, à boire quelque
» peu de vin avec tous les membres de leur famille,
» comme l'honneur de ces familles aurait été bien

» mieux sauvegardé ; quelle économie de temps,
» quelles forces de plus pour le travail des champs!
» Celui qui a été ivre le dimanche ne peut guère
» travailler le lendemain; tandis qu'un peu de vin,
» partagé entre tous, aurait fortifié le tempérament
» de chacun et lui aurait donné plus de vigueur pour
» supporter les rudes fatigues de la journée. »

L'autorité ferait une bonne œuvre et rendrait un grand service aux familles et à la société, en s'opposant énergiquement à la multiplication des cafés, et en faisant appliquer plus exactement et plus rigoureusement les mesures déjà édictées sur la nécessité de fermer tous les cabarets pendant les offices religieux des dimanches et fêtes réservées (1).

(1) L'article 3 du titre XI de la loi du 16-24 août 1790, confirmé par plusieurs articles de la loi du 18 juillet 1837, charge les autorités municipales de veiller au bon ordre dans tous les rassemblements, cérémonies et lieux publics.

Par l'interprétation la plus sage et la moins suivie, on a toujours conclu que les maires pouvaient porter des règlements ordonnant aux cabaretiers de fermer leurs cabarets à des heures indiquées. Ces règlements ont été reconnus obligatoires et sévèrement appliqués par de nombreux arrêts de la Cour de cassation.

La loi du 18 novembre 1814 déclare que, dans les villes dont la population est au-dessous de 5,000 âmes, ainsi que dans les bourgs et villages, il est défendu aux cabaretiers marchands de vin, débitants de boissons, traiteurs, limonadiers, maîtres de paume et de billard, de tenir leurs maisons ouvertes et d'y donner à boire ou à jouer lesdits jours pen-

On comprend facilement que lorsqu'il s'agit des cabarets et des cafés, le ministre des finances ne soit pas toujours d'accord avec M. le ministre de l'inté-

dant le temps des offices (les dimanches et jours de fêtes reconnues par l'État).

Un arrêt de la Cour de cassation du 23 juin 1838 a reconnu que cette disposition législative n'a point été abrogée par la charte de 1830, et que, dès lors, la fréquentation prolongée des cabarets étant une cause de désordres graves, l'autorité municipale peut, sans outrepasser les limites du pouvoir dont elle est investie par la loi, marquer certains intervalles de temps pendant lesquels les cabarets et autres lieux publics soient fermés.

Déjà la chambre des députés avait reconnu, le 18 février 1838, en s'occupant d'une pétition de plusieurs ecclésiastiques qui exposaient tous les abus résultant de la fréquentation des cabarets et demandaient de transformer en loi les anciens règlements sur les cabarets, que les maires ont qualité pour prendre, à cet égard, tous les arrêtés qui leur paraissent convenables, parce que si la liberté religieuse permet à chacun de pratiquer son culte, comme aussi de s'en abstenir, d'autre part l'autorité municipale doit conserver le pouvoir de garantir protection à chacun dans l'exercice de sa religion, et de maintenir la paix publique et le bon ordre. Il est incontestable que les arrêtés municipaux qui ordonnent de tenir les cabarets fermés aux heures des offices religieux, défendent aux habitants de s'y trouver pendant la durée de ces offices, autant dans l'intérêt du bon ordre et de la tranquillité publique, que dans l'intérêt de la religion. Il est facile de comprendre qu'au moment où la plupart des habitants, et surtout la partie la plus sage, la plus morale, la plus éclairée de la population, sont réunis dans le temple, et par conséquent absents de leurs habitations, la police est plus difficile à faire, et que l'autorité a moins de force.

rieur. Tel cultivateur qui se plaint à tout instant d'un impôt foncier de dix francs, en paie un autre dix fois plus lourd en fréquentant les cabarets et les cafés; les bénéfices que l'État retire du débit des boissons sont énormes. Puisqu'il faut des impôts, il est bien mieux, en effet, de les placer ici que partout ailleurs.

Il y a, dans chaque localité, des personnes notables qui veulent le bien; c'est à elles de tout tenter pour éclairer le paysan sur le danger et les inconvénients des cafés. N'y aurait-il pas bien moins d'abus, si chaque propriétaire s'appliquait à donner de bons conseils à ses fermiers, métayers et domestiques? Nous connaissons quelques bons chrétiens qui sont parvenus à des résultats merveilleux dans la commune qu'ils habitent.

3° Il en est des procès comme des cafés; si tant de personnes se ruinent dans des procès pour partages de familles, c'est qu'elles ne sont pas assez éclairées pour comprendre qu'il vaut mieux laisser quelques centaines de francs de plus à un frère ou à un cousin, que de se condamner à des inquiétudes, à des voyages, à des dépenses énormes, pendant des années entières. Les procès entre les membres des familles diminuent considérablement chaque année; mais cette diminution porte principalement sur les familles bourgeoises, assez intelligentes pour comprendre que les arrangements à l'amiable sont, en définitive, plus honorables et plus avantageux que les procès. Ce ne sont guère que les personnes qui mettent en pratique l'adage suivant : « Un mauvais arrangement est pré- « férable au meilleur des procès. »

Parmi les avocats sans pratique, il en est beaucoup qui se montrent constamment favorables au désir des plaideurs, surtout quand ces plaideurs ont de quoi payer les honoraires. « La cause est bonne, répondent-ils au paysan qui vient les consulter ; il faut plaider, nous sommes assurés de gagner. » Si la cause est toujours bonne pour l'avocat, il n'en est pas de même pour le plaideur. Combien de familles se sont complétement ruinées, tout en étant très-laborieuses et très-économes ? Je connais passablement de paysans qui ont délabré leur santé par les inquiétudes qu'ils ont supportées et les fréquents voyages qu'ils ont faits au chef-lieu du département, à l'occasion de leurs procès ; j'en connais d'autres qui ont dépensé plus de 3,000 fr. pour se disputer un lambeau de bruyère qui ne vaut pas 100 fr. Rien n'est plus mauvais que des entête-ments de ce genre. Dieu veuille que les lumières de l'instruction et les devoirs de la charité chrétienne parviennent à faire cesser des abus si déplorables! Les campagnes ne peuvent qu'y gagner sous tous les rapports : car si les huissiers, avocats et avoués qui pullulent dans les villes, ont abandonné les cam-pagnes pour embrasser ces carrières, c'est uniquement parce que la sottise des paysans les rend très-lucratives. S'il y avait moins de places de ce genre, il y aurait plus de gens instruits pour la direction des travaux des champs.

Je comprends qu'il y ait quelques fois discussion entre gens de bonne foi ; mais pourquoi les deux parties ne chercheraient-elles pas à s'éclairer auprès des personnes les plus respectables de la localité ? Assurément, le maire, le curé se feraient un devoir de dissiper les nuages qui embrouillent une affaire aux yeux des contestateurs ; leur décision serait d'autant plus juste que tous les détails peuvent leur être connus, et qu'il leur est facile d'interroger les personnes et de se transporter sur les lieux. Si l'on craint la partialité du maire ou du curé en faveur d'une personne, on peut alors recourir au juge de paix du canton : celui-ci étant responsable de ses décisions, a tout intérêt à ne se prononcer qu'après avoir étudié scrupuleusement la question en litige. Il est rare que celui qui fait appel du jugement de ce magistrat ne soit pas condamné ailleurs comme il l'a été par lui. Pourquoi semer la guerre dans des familles, dépenser des sommes énormes, se créer des inquiétudes, laisser la culture des champs dans l'abandon, faire des voyages pénibles pour plaider une affaire qui peut être arrangée à l'aimable ?

Ces abus sont tellement fréquents et tellement préjudiciables à la classe la plus intéressante de nos campagnes, que le gouvernement a cherché à y opposer un remède, en étendant le pouvoir des juges de paix. Ces magistrats prononcent déjà sur bien des cas sans recours d'appel ; rien ne serait plus utile que d'étendre encore leur pouvoir à d'autres sujets de contestation, à condition, bien entendu, que l'*autorité supérieure* s'attacherait d'une manière spéciale à choisir pour juges de paix les hommes les plus perspicaces et les plus consciencieux, et qu'elle ne cesserait d'exercer une grande vigilance sur leur manière d'agir et de se prononcer.

CHAPITRE XIII

Le progrès agricole.

Comme tout le monde est d'accord sur la nécessité de favoriser le progrès agricole, il ne peut être question ici que des moyens de donner à ce progrès un plus large essor. Nous en tenant aux moyens qui regardent plus spécialement le gouvernement et les administrations locales, nous les rapportons à quatre pri'cipaux, savoir : 1° la multiplication des écoles d'agriculture ; 2° la prompte exécution des voies rurales et de certaines lignes de chemins de fer ; 3° la bonne direction des concours régionaux et cantonaux ; 4° enfin, la mise en valeur des landes communales.

1° Pourquoi trouvons-nous si lente la marche du progrès agricole? Parce.que la France ne compte pas assez d'agriculteurs joignant la science à la pratique; elle ne possède guère que des routiniers repoussant comme hérésie toute innovation scientifique, ou des théoriciens qui, n'étudiant jamais l'agriculture qu'a coin de leur cheminée, ne tiennent pas assez compte des modifications que doivent nécessairement apporter la différence des climats et l'accident des terrains. Ce qu'il nous faut, ce sont des hommes qui, après avoir étudié l'agriculture dans ses principes et ses méthodes, s'attachent à faire eux-mêmes d'utiles applications. Nous devons donc regarder comme très-utiles les écoles d'agriculture qui, à l'instar des écoles médicales, ont pour base l'union de la pratique à la théorie; le jeune homme qui en sort sait conserver ce qu'il y a de bon dans les vieux usages, et mettre à profit tout ce que la science a découvert d'utile pour le pays qu'il habite, pour les terrains qu'il cultive. Selon Mathieu de Dombasle, les seules écoles d'agriculture dont on puisse attendre des résultats utiles pour les progrès de la science agricole, sont celles où la pratique intellectuelle occupe beaucoup de place dans l'enseignement.

Parmi les hommes éminents qui se préoccupent sincèrement de rehausser la prospérité sociale par le progrès agricole, il n'en est pas un seul qui ne proclame la nécessité de se préparer par l'étude à la culture des champs. Citons-en quelques-uns. « Rien n'égale ma surprise, s'écrie M. Columelle, quand je considère, d'un côté, que ceux qui apprennent à bien parler choisissent un orateur dont l'éloquence puisse leur servir de modèle; ceux qui désirent s'appliquer à la danse, à la musique et à tous les arts frivoles, cherchent avidement un maître de chant, un maître de grâces; en un mot, chacun choisit le meilleur maître pour faire des progrès rapides sous sa direction ; au lieu que l'art le plus nécessaire à la vie, et qui tient le plus près à la sagesse, l'agriculture, n'a ni disciples qui l'apprennent, ni ministres qui l'enseignent. »

— « L'ignorance, dit M. Thouin, est un vice ra » dical qui s'oppose, dans tous nos départements les « plus pauvres, aux progrès de l'agriculture. » —

« L'agriculture, dit M. Lecouteux, est ce qu'on « sait et veut la faire. Simple routine, et métier pour « les uns, elle devient une industrie productive et une « science pour les autres. » — « Quoi qu'en puisse « dire l'ignorance, dit M. Léonce de Lavergne, l'application des sciences à la culture est une nécessité « de notre temps. Ce qu'elles ont fait pour l'industrie,

« elles le feront certainement pour l'exploitation du
« sol ; leur intervention sera plus ou moins rapide ;
« elle est infaillible. »

« Tant vaut l'homme, tant vaut la terre, dit M. Vic-
« tor Borie, notre illustre compatriote (1). C'est le
« bon cultivateur qui fait la bonne récolte ; une terre
« bien soignée rapporte beaucoup, une terre mal cul-
« tivée rapporte peu. Ces principes sont élémentaires,
« et pourtant on ne saurait les répéter trop souvent. »

« La prospérité d'une ferme dépend entièrement de
« l'activité, de l'intelligence, de l'expérience et de la
« science du fermier. Je ne crains pas de dire la
« *science*, parce que l'agriculture est réellement une
« science, malgré que la plupart de nos concitoyens
« en fassent une chose sans nom, sans but et sans
« règle, abandonnée aux hasards d'une direction
« routinière. »

« On nous dit souvent : Je connais des paysans
« illettrés, ignorants de tout, excepté de l'art qu'ils
« ont appris de leurs pères, qui pourtant passent,
« dans leur pays, pour d'habiles cultivateurs. Il existe
« de ces hommes exceptionnels, en effet, qui devi-
« nent une partie de ce qu'ils n'ont pas appris. Ces
« esprits pénétrants sortent bien vite de la foule en
« accomplissant, en pure perte, de véritables pro-

(1) Les douze mois, calendrier agricole, par Victor Borie.

« diges ; que serait-ce si on leur eût enseigné à lire
« et s'ils avaient lu ? »

« Je me rappelle l'histoire d'un homme d'un grand
« esprit qui croyait avoir trouvé le moyen de fondre,
« d'un seul jet, les lettres d'imprimerie. C'eût été une
« véritable fortune. Il dépensa une année à faire
« construire sa machine, sans vouloir demander l'as-
« sistance d'aucun ingénieur. Pour faire mouvoir les
« rouages de son mécanisme, il avait dû faire fabri-
« quer plusieurs engins secondaires. Un jour, un
« ingénieur vint le voir et s'arrêta stupéfait. Avant
« d'en arriver à son procédé, proprement dit, notre
« savant avait passé une année et dépensé un véri-
« table effort de génie à inventer trois ou quatre mé-
« canismes perfectionnés par d'autres depuis vingt
« ans.

« Les agriculteurs illettrés en sont là ; ils inventent
«. des procédés de culture que le dernier élève de nos
« écoles régionales serait honteux d'ignorer. »

Si l'on nous objecte qu'il est assez facile de se passer
des écoles d'agriculture, attendu que le propriétaire
qui connaît la pratique par la culture de sa propriété,
ne manque pas de livres et de journaux pour apprendre
la théorie ; nous répondrons avec conviction et en connaissance de cause, que les livres peuvent être utiles
à ceux qui ont déjà des connaissances, mais qu'ils
sont presque inutiles à ceux qui n'ont rien appris par

l'enseignement oral. Si on s'en rapportait à la **multi**-plication des livres pour ce qui regarde la religion, l'instruction, la médecine, etc., et que l'on supprimât, comme inutiles, les prêtres, les instituteurs, les professeurs, tous ceux, en un mot, qui ont pour mission d'instruire·les hommes par l'enseignement oral, on ne trouverait partout que des ignorants ; les livres, alors, au lieu d'être mieux propagés et mieux lus, resteraient entièrement dans l'oubli. C'est donc que le Créateur, en constituant l'état social, a fait de l'enseignement oral la condition nécessaire de la transmission et de la propagation de toute connaissance scientifique. Les livres agricoles abondent, j'en conviens ; mais on se sent généralement peu de goût pour les lire et peu d'aptitude pour les comprendre : sans le zèle inspiré par les écoles pour le progrès de l'agriculture, ces livres seraient encore moins recherchés et moins lus.

Les écoles d'agriculture et les fermes-modèles ont donc un excellent but, mais elles sont trop clair-semées pour donner une impulsion générale au progrès agricole : rien ne serait plus utile que d'établir une ferme-modèle par chaque arrondissement dans les départements arriérés. Cette institution n'entraînerait aucun inconvénient si le prix d'une pension modérée était payé à l'établissement par les élèves. Il serait possible que les départements fussent

tenus à quelques frais de fondation et d'entretien ;
mais que sont ces frais en comparaison des sacrifices
que l'on fait pour former des bacheliers ? Pourtant, le
titre de bachelier vaut-il plus pour la société et les
familles, que celui de bon agriculteur ? S'il importe à
la France de compter des bacheliers, ne lui importe t-
il pas aussi de compter des agriculteurs intelligents
et zélés ? Combien de familles qui comptent des bacheliers sans pain ! Plusieurs d'entre elles sont sur le
point de faillir, pour avoir dépensé des sommes considérables à former ces bacheliers, qui ne sont encore
bons qu'à dépenser. C'eût été leur rendre un grand
service que d'avoir destiné leurs enfants à la culture
des champs.

L'institution d'une *ferme-modèle* par arrondissement n'aurait pas le seul avantage de diminuer le
nombre des bacheliers inutiles ; elle aurait surtout
pour résultat celui d'imprimer une impulsion générale
aux améliorations agricoles (1). Il est évident qu'une
ferme-modèle qui s'attacherait exclusivement à donner des règles et des conseils pour l'arrondissement
où elle se trouve située, rendrait par cela même aux
propriétaires, les applications très-utiles et très-
faciles. Le propriétaire Corrézien qui sort de l'école
d'agriculture de Toulouse, se trompe assez souvent

(1) Il ne s'agit ici que d'une quarantaine de départements
arriérés sous le rapport agricole.

en tentant des améliorations dans son pays, car son département, diffère totalement de la Haute-Garonne par la nature de son climat et de son terrain ; mais si ce jeune homme sortait de la ferme-modèle de son arrondissement, les améliorations lui seraient bien plus faciles.

Que résulterait-il de l'état de choses que nous demandons ? Il en résulterait que les améliorations exécutées par l'ancien élève de la ferme-modèle d'arrondissement, étant toujours remarquables par la simplicité des procédés et l'importance des bons effets, produiraient inévitablement une bienfaisante influence sur tous les voisins, parents et amis. Ce propriétaire devenant, pour son village, un véritable maître d'école contribuerait puissamment à donner au progrès agricole un mouvement précieux. Comme il en serait ainsi, chaque année, de quinze ou vingt jeunes gens, ce nombre serait plus que suffisant pour changer totalement un arrondissement dans l'espace de dix ans. Tant que les écoles d'agriculture ne seront pas popularisées par leur multiplication, elles resteront sans effet sur la masse des cultivateurs : rarement nos villageois auront l'idée ou la bonne volonté d'envoyer leurs enfants au loin pour s'inspirer de procédés dont la plupart ne seraient pas applicables dans leur pays.

La ferme-modèle de Grignon est peut-être la plus

remarquable de France; il n'en est pas moins vrai, pourtant, que la plupart des élèves qui veulent, une fois revenus dans leur pays, y introduire les applications usitées à l'établissement, n'obtiennent que de très-mauvais résultats. Pourquoi cela ? Parce que telle réforme qui est utile à un pays est nuisible à un autre qui en diffère sensiblement par le climat et le sol. Ces inconvénients cesseraient d'exister une fois que la ferme-modèle, n'étant plus organisée que pour un arrondissement, s'appliquerait aux améliorations qui conviennent spécialement au terrain de cet arrondissement.

D'où vient que notre culture est si inférieure en résultats à celle des autres nations et surtout à celle de l'Angleterre? La production moyenne de l'hectare de terre en France, évaluée en blé, est de douze hectolitres au plus, tandis qu'en Angleterre elle dépasse vingt-six hectolitres. D'un autre côté, les cultivateurs anglais nourrissent trois têtes de gros bétail sur une surface où nous en nourrissons à peine une seule. Pourquoi, je le répète, une infériorité si préjudiciable? Cela vient en grande partie de ce que nos paysans ne se sentent guère que du dégoût pour les innovations scientifiques. En cela, le paysan est-il grandement blâmable? Je ne l'ai jamais pensé. Il n'y a pour lui d'autre école que celle des faits : or, notre paysan, dans son observation attentive des expériences faites chaque jour par les novateurs, a trop souvent l'occasion de contrôler des déceptions dispendieuses, pour hasarder ses capitaux à de pareilles entreprises qu'il a droit de regarder comme téméraires. L'essentiel pour la propagation du progrès agricole, est d'empêcher les tentatives infructueuses ; mais on n'obtiendra jamais ce but tant que les novateurs ne puiseront leur savoir que dans des livres, ou dans les établissements agricoles des pays qui diffèrent considérablement du leur.

Il en est des novateurs en agriculture comme en politique et en religion : ils font bien plus du mal que de bien à la cause qu'ils veulent servir, toutes les fois que leurs combinaisons trop brusques et trop compliquées ressemblent fort à des révolutions. En agriculture plus qu'ailleurs, il est bon d'aller lentement dans les réformes, en n'oubliant jamais qu'une combinaison n'est bonne qu'autant que les résultats sont en rapport avec les moyens. Si l'on veut être utile à son pays et se faire de sages imitateurs, ce n'est pas de former, à grands frais des prairies ou des champs superbes, c'est de récolter plus de blé et plus de foin, sans dépenses exorbitantes. En fait de théâtres et de salons, l'agréable peut quelquefois être l'essentiel ; en agriculture, ce n'est jamais que l'utile quand on veut faire avancer la science et rendre service à ses compatriotes.

Il est bon de ne pas trop s'attacher aux théories et voir, avant d'appliquer celles qui sont bonnes en elles-mêmes, si elles conviennent à la nature des terrains que l'on est appelé à cultiver. Ayons toujours présents à notre mémoire les conseils de Rosset :

« Voulez-vous assurer des moissons abondantes ?
« Connaissez la vertu des terres différentes ;
« Chacune a son génie : ici le blé mûrit,
« Et la vigne prospère où la pomme périt.

Pour exciter davantage l'émulation dans les fermes-modèles, on pourrait étendre à ces écoles les encouragements qui existent déjà dans les colléges et les facultés. Aux jeunes gens qui ont fréquenté avec fruit et assiduité l'école de médecine, par exemple, on donne un diplôme qui est tout à la fois une récompense pour celui qui en est doté et un motif de zèle pour celui qui doit fréquenter encore l'école. Pourquoi n'agirait-on pas de même à l'égard des élèves des écoles d'agriculture ? Cela ne contribuerait pas peu à faire comprendre une chose qui paraît entièrement méconnue des générations présentes, savoir que l'agriculture est une véritable carrière scientifique, dans laquelle on peut chercher l'illustration et les mérites aussi bien que partout ailleurs.

Il ne serait pas mal d'attacher un bénéfice à la ré-

compense honorifique de ceux qui se distinguent le
plus dans la ferme-modèle, par leur intelligence et
leur zèle. Si l'on exonérait du service militaire les
deux plus forts de chaque école, cette récompense,
que tous les jeunes gens pourraient espérer, suffirait
amplement pour peupler les fermes-modèles et exciter l'émulation de tous les élèves. On a déjà fait
beaucoup pour l'agriculture en permettant à une
grande partie du contingent de rester au foyer domestique, à la condition de passer quelques mois d'hiver
au chef-lieu du département ; les bons résultats que
l'on veut atteindre deviendraient bien plus efficaces
par la mesure que nous proposons, mesure que certains économistes illustres ont proposée avant nous.
Sans doute, c'est plutôt un honneur qu'un fardeau
de servir son pays sous les drapeaux ; mais, puisqu'on ne manque pas de soldats, rien n'est plus utile
que d'exciter les habitants des campagnes à servir
leurs familles et leur patrie par les travaux et améliorations agricoles.

2° Pour que le propriétaire entreprenne avec zèle
les améliorations qui réclament des sacrifices pécuniaires, il lui faut la conviction que les résultats
qui découleront de ces améliorations, feront plus
que compenser les sacrifices. Nous savons que cette
conviction peut très-bien exister dans les pays sillonnés par des chemins de fer : car la facilité des

communications y favorisant considérablement l'écoulement des produits et par cela même l'élévation des prix, l'agriculteur est assuré d'augmenter ses revenus en réalisant des améliorations. Malheureusement, il n'en est pas de même de certains départements déshérités, où les engrais industriels, les tuyaux de drainage, etc., reviennent plus cher, et où les produits se vendent à plus bas prix. Il est donc indispensable de tracer des voies ferrées dans ces pays, pour y imprimer le mouvement du progrès agricole, existant déjà dans les autres départements.

Ici, nous avons plutôt des éloges que des reproches à exprimer au gouvernement, car il met tout le bon vouloir et toute la diligence possibles à ces réalisations. Les résultats obtenus depuis quelques années sont merveilleux; ce qu'il y a de plus regrettable, c'est que les départements industriels aient absorbé tous les avantages, tandis que les départements pauvres, quoique capables de s'enrichir par le développement agricole, sont encore privés de tout. Nous espérons que cet oubli ne sera pas de longue durée, puisque des études sérieuses ont été faites dans le but de doter tous les départements de ces bienfaits (1).

(1) Sur 80,000 kilomètres de chemins de grande communication à faire, il y en avait, en 1861, 66,000 déjà faits. — Sur

Les chemins vicinaux et agricoles ne sont pas moins propices aux progrès de l'agriculture. Dans les communes où les voies qui conduisent à la ville sont praticables, les denrées et autres produits s'écoulent dans de bien meilleures conditions que partout ailleurs. Dans l'arrondissement que j'habite, il y a beaucoup de communes où le terrain, quoique de qualité supérieure, se vend pourtant un tiers de moins que dans les communes environnantes. Cela vient de ce que les propriétaires de ces dernières communes pouvant transporter leurs produits avec facilité, tirent, par le fait, beaucoup plus de revenus que les propriétaires des autres terrains. Évidemment, les premiers propriétaires peuvent se livrer à des améliorations fructueuses, mais il ne peut en être de même de ceux qui sont forcés de livrer leurs produits à de très-mauvaises conditions, ou sont condamnés à supporter des frais considérables pour les transporter à la ville voisine.

Tout cela nous prouve que la multiplication des voies agricoles est une condition essentielle de la prospérité générale de l'agriculture; cela nous prouve aussi qu'il y a des administrations locales qui ne savent pas assez connaître ou rechercher les vrais

74,000 kilomètres de chemins d'intérêt commun, il y en avait 31,000. Quant aux chemins ordinaires, il n'y avait alors de faits que 116,000 kilomètres sur 382,000.

intérêts de leurs administrés. Combien de conseils municipaux ne répondent que par la plus coupable indifférence aux bons sentiments que le gouvernement cherche à leur inspirer à cet égard? Les particuliers ne sont pas moins coupables que les autorités locales : car au lieu de regarder les journées de prestation comme un grand bien, ils les regardent souvent comme un fardeau inutile. On travaille avec si peu de zèle quand on s'acquitte de cette obligation, que cent des journées de prestation n'en valent pas quarante d'autres. Aussi voyons-nous un très-grand nombre de communes rurales dans lesquelles les chemins vicinaux ne sont pas autres qu'ils n'étaient il y a vingt ans.

Un second obstacle à l'achèvement des chemins vicinaux, c'est l'obstination de certains propriétaires à ne vouloir céder les terrains nécessaires aux routes, qu'à des conditions extrèmement avantageuses pour eux. Tel propriétaire qui vendrait à peine cent francs, un lambeau de terrain à son plus proche voisin, ne craindra pas d'en demander deux cents quand il s'agira de le céder pour le passage d'une route. « Le département, se dit-il en lui-même, est bien assez riche pour payer cher. » Si quinze ou vingt propriétaires donnent ainsi, chaque année, l'exemple de l'obstination, il faut recourir à des expropriations forcées qui entraînent toujours des embarras et des lenteurs. Espérons que les propriétaires devenant plus éclairés sur leurs véritables intérêts, deviendront par cela même plus faciles à cet endroit. Que m'importe, en effet, de renoncer, à bas prix et même gratuitement, à un hectare de terrain, si la proximité de la route donne une valeur presque double aux autres cent hectares, sous le rapport de l'agrément de la propriété et de la facilité des transports !

Quelques départements, tels que la Corrèze, ont dix fois plus de difficultés que d'autres pour obtenir sur tous leurs points des chemins convenables : ces départements ont plus de dépenses à subir, parce que les terrains sont plus accidentés et leur territoire plus étendu ; ils ont moins de ressources disponibles, parce que le pays n'est pas favorable à la multiplication des transactions commerciales et agricoles, et que la population n'étant pas en rapport avec l'étendue du territoire, les journées de prestation sont relativement moins nombreuses que partout ailleurs. C'est donc principalement sur eux que le gouvernement doit porter son attention, soit dans la distribution des fonds affectés aux chemins vicinaux, soit dans la direction et l'impulsion qu'il exerce sur les déterminations des conseils provinciaux et communaux.

3° Qu'a-t-on fait pour encourager les sciences, les arts et l'industrie? On ne s'est pas contenté de fonder des écoles, d'instituer des bourses et des demi-bourses, on tient à récompenser par des primes et des honneurs ceux qui se distinguent le plus dans ces carrières par leur savoir et leur zèle. Eh bien! il faut agir de même à l'égard de l'agriculture. L'amour du gain n'est pas pour tous un appât suffisant ; l'homme et surtout le Français, tient par dessus tout à être honoré, admiré et imité de ses semblables. C'est pour cela qu'on ne peut contribuer plus efficacement à la prospérité de l'agriculture, qu'en mentionnant, au public, le nom des propriétaires qui ont réalisé les améliorations les plus utiles. Cette méthode déjà usitée n'a pas seulement pour but de récompenser les agriculteurs les plus méritants, elle tend encore à relever les travaux agricoles du mépris général dans lequel ils sont tombés, et à créer des imitateurs de ceux que l'on honore. De cette manière, tous ceux qui sont animés du désir de s'illustrer s'habituent à comprendre que l'illustration peut s'obtenir aussi légitimement et aussi efficacement dans les campagnes que dans la capitale même, aussi bien en travaillant les champs, qu'en portant des uniformes.

On se fait un devoir d'orner de la croix d'honneur la poitrine de celui qui s'est distingué dans les combats : rien de mieux que de récompenser ainsi ceux qui n'ont pas craint d'exposer leur vie pour les intérêts de la patrie; mais il n'en est pas moins vrai que les droits de l'agriculteur zélé sont aussi légitimes que ceux du héros. Le soldat s'est en effet sacrifié pour la patrie, mais le sacrifice que l'on récompense par la décoration, n'a été que le sacrifice d'un moment, tandis que celui de l'agriculteur comprend des années et une sollicitude de tous les instants. Ce décoré du champ de bataille a servi sa patrie dans un danger; mais, par le fait, il n'a pu la servir qu'en s'acharnant à égorger des hommes comme lui. Les nations, en effet, ne pourront pas se dire entièrement civilisées, tant qu'elles éprouveront le besoin de s'égorger entre elles pour juger leurs différents. Plût au ciel que l'on pût voir se réaliser au plus tôt les vœux sublimes que proclamait du haut de la tribune, il y a plus de vingt ans, l'honorable M. de Vatry, député sous Louis-Philippe et sous la République. Comme cet ancien aide-de-camp du roi Jérôme avait assisté aux plus grandes batailles du premier Empire, et qu'il avait pu apprécier par lui-même les horribles effets de la guerre, l'Assemblée fut vivement émue en entendant proclamer avec les accents de la conviction la plus sincère, la nécessité d'un jury international ayant pour but de concilier les peuples entre eux. Depuis cette époque, les sublimes convictions de M. de Vatry, n'ont fait que se propager et s'accroître chez les esprits droits et bien intentionnés.

Les concours régionaux obtiennent des résultats précieux, mais insuffisants. Le progrès agricole, en effet, consiste à exciter le désir des améliorations chez tous ceux qui possèdent des biens-fonds; mais nous

savons que la propriété étant très-morcelée en France,
il y a mille fois plus de petits propriétaires que de
grands. Pour faire partie des concours dont nous parlons, il y a des dépenses à faire, soit pour préparer les
bestiaux de longue main, soit pour les faire conduire
quelquefois à soixante lieues de distance. Tout cela
est très-bon pour le riche propriétaire : quand il n'obtient pas de prime pour les bestiaux qu'il a élevés, il
garde, au moins, l'honneur de s'être mis en état de con-
courir; cette satisfaction lui suffit amplement pour le
dédommager des sacrifices pécuniaires qu'il s'est im-
posés. Il ne peut en être de même du petit cultivateur : ce qui n'est rien pour le riche serait beaucoup
pour lui; une dépense de quatre à cinq cents francs
lui serait très-préjudiciable ; c'est pourquoi il regarde
comme plus sage le parti de s'abstenir de pareils concours. C'est donc pour la masse des cultivateurs que
les comices de canton ou d'arrondissement ont été ins-
titués; eux seuls peuvent agir sur la généralité de nos
cultivateurs. Il est très-important de les établir là
où ils ne sont pas encore connus, et de les bien diriger là où ils fonctionnent déjà (1).

---

(1) Dans plusieurs contrées, quelques riches propriétaires
affectent de ne pas faire partie de ces comices cantonaux, sous
prétexte qu'ils n'ont pas besoin d'être stimulés. C'est là une
grave faute. Il me semble que plus on est haut placé, plus on
doit tenir compte des intérêts publics, dans ses déterminations.

14.

Ce qui nuit à la prospérité de quelques comices, c'est que les membres du jury tiennent trop compte de la quantité des terrains améliorés. Pourquoi celui qui n'a que vingt hectares, améliorés de la manière la plus parfaite, ne mériterait-il pas une récompense aussi bien que celui qui en a amélioré cent sur deux mille ? Il en est des améliorations comme de l'aumône : la pauvre veuve qui donne un centime, a quelquefois plus de mérite que le millionnaire qui donne un franc.

. Les membres du jury doivent donc s'intéresser aux améliorations des petits propriétaires; rien de mieux aussi que de récompenser les colons, fermiers et domestiques qui se font le plus remarquer par leur amour du travail et la régularité de leur conduite : Ces récompenses auraient pour effet celui d'attacher bien des gens au pays des campagnes et de les y perfectionner. Qu'on sache bien qu'il est très-important pour le progrès de l'agriculture, de compter de bons métayers et de bons domestiques.

4° Il en est de la terre comme de l'homme : elle ne doit jamais rester sans travail. Dieu n'a rien fait d'inutile; ce qui n'est pas propre à une chose est propre à l'autre. C'est à l'homme qu'est laissé le soin de ce discernement; s'il ne s'en occupe pas, il est cause de la perte réelle qu'éprouve l'humanité dans ses intérêts matériels. N'oublions jamais l'excellent

proverbe russe : « Ce n'est pas le champ, c'est le
« champ cultivé qui nourrit, »

Rappelons-nous aussi les conseils de Varnier quand
il nous dit :

« Admire les grands biens; mais que ta destinée
« Soit de tirer parti d'une ferme bornée;
« On n'y perd pas, mon fils; cent arpents bien tenus,
« Valent pour le bonheur et pour les revenus,
« Mieux que les mille arpents d'un immense domaine,
« Désert que l'on sillonne et qu'on engraisse à peine,

« Mon Dieu ! disait Arthur Young en traversant,
« en 1790, nos campagnes de France si mal cul-
« tivées, donne-moi patience pour voir un pays si
« beau, si favorisé du ciel, traité si mal par les
« hommes ! »

Ne nous contentons pas d'améliorer ce qui est déjà
cultivé, défrichons encore les terrains incultes qui ne
sont pas absolument essentiels à la pâture des bêtes
à laine. Si quelques sols, ce qui est rare, paraissent
devoir rester improductifs devant le travail et les
engrais, nous devons les utiliser par des semis et des
plantations. Je pourrais mentionner un assez grand
nombre de propriétaires qui sont arrivés par ce
moyen à se créer des agréments et des revenus sur
des montagnes arides, que tout le monde avait re-
gardées, depuis des siècles, comme impropres à toute
espèce de combinaison agricole. Dès que l'on a pu

apprécier les bons résultats de ces honorables cultivateurs, la plupart de leurs voisins ont tenu à les
imiter ; il en est résulté un grand bien pour la commune et les particuliers : Car le pays est devenu plus
agréable, et les propriétés ont obtenu des revenus
qu'elles n'avaient pas autrefois. Il est plus que probable que sans ces plantations, nous paierions notre
bois de chauffage beaucoup plus cher que nous ne le
faisons. Voilà donc des résultats qui ne sont pas moins
utiles aux consommateurs qu'aux cultivateurs. Si
chaque commune comptait seulement quatre ou cinq
propriétaires de ce genre, la prospérité générale ne
tarderait pas à ressentir les bons effets de leur intelligente initiative.

Comme L'obligation d'utiliser les terrains improductifs et d'améliorer les autres, est beaucoup plus
grave pour les communes que pour les simples particuliers, les biens communaux devraient être de vrais
modèles, offerts à l'imitation des propriétaires, métayers et fermiers de la commune ; pourtant, n'est-ce
pas le contraire qui existe ? Les terrains qui pourraient
se couvrir de superbes plantations se montrent nus
et arides, et ceux que les moindres soins transformeraient en prairies fécondes, ne sont que de mauvais
pâturages. Ce sont là, évidemment, de graves préjudices portés à la prospérité générale. Si de tels biens
produisaient ce que produisent les terrains voisins

possédés par les particuliers, la France compterait en sus de ses ressources ordinaires plus de cent millions pour la consommation de ses habitants.

Je sais bien que l'on a pris des mesures, dans ces derniers temps, pour améliorer les terrains de ce genre ; peut-on appeler efficaces des mesures qui demandent plus de cent ans d'existence pour se réaliser entièrement ? Que sont les ressources dont l'État peut disposer pour l'amélioration des biens communaux, en comparaison des dépenses à faire ?

Le parti le plus favorable au progrès agricole serait donc de transformer en propriétés privées ce qui est encore propriété commune. Telle personne qui ne fait aucune amélioration sur le bien communal dont elle jouit, serait disposée à faire beaucoup pour ce même bien, s'il lui appartenait définitivement.

Par quels moyens transformer en propriétés privées les biens communaux ? Deux moyens se présentent naturellement : la vente ou le partage. Les conseils généraux, consultés tout récemment sur ce point, ont généralement répondu que la vente était préférable dans les sections où les co-partageants étaient nombreux. L'expérience a donné plusieurs fois raison à ce dernier sentiment : dans ce cas, en effet, chaque habitant n'obtient qu'un lot insignifiant, et même il ne peut guère l'obtenir qu'en en payant presque la valeur, vu que les frais d'expertise sont effrayants. De plus, chaque petit propriétaire est forcé de s'assujétir à des servitudes sans nombre pour le passage de ses voisins. La vente au profit des communes nous paraîtrait donc préférable, surtout si le prix de cette vente était employé à créer des institutions de prévoyance en faveur des classes ouvrières de chaque commune.

Qu'il serait précieux à bien des points de vue le résultat des grandes améliorations agricoles ! en effet, multiplier les améliorations, c'est accroître la somme des occupations et des revenus dans les campagnes, et par cela même augmenter le nombre et le bien-être des villageois. C'est, par voie de conséquence, propager ces ménages nombreux, tranquilles et vertueux qui font l'ornement de la plupart de nos contrées rurales ; c'est favoriser la sécurité de l'ordre social et la prospérité de la religion.

Devant des résultats si précieux pour les individus, les familles et la société, pouvons-nous rester indifférents ? Je ne le croirai jamais. Si donc nous sommes légistateurs, qu'on ne dise pas que nous ne tenons à n'exercer notre sollicitude que sur ceux que nous voyons et que nous redoutons. Agir de la sorte, ce ne serait pas rendre les barricades impossibles, ce serait tout au plus les éloigner. La force des empires se fonde sur l'affection des peuples, et il est rare que l'affection de tout un peuple ne soit point basée sur l'esprit de justice de ceux qui le gouvernent. Qu'on ne dise point, snrtout, que pendant que nous sacrifions des millions pour porter la lumière et le bien-être aux Mexicains et aux Chinois, nous ne faisons presque rien pour une moitié des Français qui n'est guère moins arriérée.

Si nous faisons partie des administrations locales, notre tâche n'est pas moins grave : Sommes-nous pasteurs des paroisses ? appliquons-nous principalement à faire aimer davantage les campagnes, par le règne de la bienveillance et de la charité que nous pouvons y augmenter ; ne négligeons rien pour fortifier l'esprit de famille et rehausser l'autorité du père sur les enfants, de la vieillesse sur l'adolescence. Si nous sommes maires ou conseillers municipaux, hâtons-nous de marquer notre administration au coin des bienfaits. Qu'on ne dise pas que nous avons brigué ou accepté notre emploi, uniquement pour nous servir nous-mêmes. Mériter de pareils reproches, c'est prouver qu'on n'a pas conscience des obligations que l'on a volontairement contractées.

Ne serions-nous que de simples particuliers, notre indifférence n'en est pas moins un crime toutes les fois que notre savoir ou notre fortune nous permet d'exercer une influence sur nos frères. Comment ! nous verrions des parents, des amis et des voisins privés, par ignorance, de bien des avantages matériels et moraux ; nous n'aurions qu'à leur donner de bons exemples ou de bons conseils pour les rendre plus heureux, et nous ne le ferions pas ! Ce serait donner des preuves flagrantes de l'égoïsme le plus trivial. Comment, alors, se dire vertueux, puisqu'on se constituerait mauvais citoyen ?

La première qualité d'un homme d'intelligence est d'être conséquent ; celle d'un homme de cœur, c'est d'agir avec empressement pour guérir le mal qu'il déplore. Eh bien ! puisque nous sommes tous convaincus et alarmés des ravages déplorables que fait de plus en plus la désertion des campagnes, hâtons-nous, en hommes d'intelligence et de cœur, d'opposer à ce mal tous les remèdes qui sont ou peuvent devenir en notre pouvoir.

FIN.

TABLE

CLICHY.— Impr. de Maurice LOIGNON et Cie, rue du Bac-d'Asnières, 12.